COORDENAÇÃO

Cristiano Lagôas   Andréia Roma

HISTÓRIAS DAS EMPRESAS

Descubra a trajetória de sucesso de grandes empresas. Saiba como identificaram oportunidades, superaram desafios e alcançaram resultados

1ª edição

São Paulo, 2016

Copyright© 2016 by Editora Leader
Todos os direitos da primeira edição são reservados à **Editora Leader**

Diretora de projetos: Andréia Roma
Diretor executivo: Alessandro Roma
Gerente comercial: Liliana Araujo Moraes
Atendimento: Érica Ribeiro Rodrigues
Logística: Marina de Lima Valim

Idealização do projeto: Andréia Roma
Seleção dos coautores: Cristiano Lagôas
Apoio editorial: Chrystian Veiga, Hallisson Fontes e Milton Campos
Diagramação: Roberta Regato
Revisão: Miriam Franco Novaes
Impressão: psi7

Dados Internacionais de Catalogação na Publicação (CIP)
Bibliotecária responsável: Aline Graziele Benitez CRB8/9922

H578   Histórias das empresas: descubra com grandes empresas como superar desafios e alcançar resultados / coordenação de Cristiano Lagôas, Andréia Roma. – 1. ed. – São Paulo: Leader, 2016.

ISBN: 978-85-66248-64-7

1. Biografia. 2. Empresas. I. Título.

CDD 920

Índice para catálogo sistemático: 1. Biografia 920

EDITORA LEADER
Rua Nuto Santana, 65, 2º andar, sala 3
Cep: 02970-000, Jardim São José, São Paulo - SP
(11) 3991-6136 / andreiaroma@editoraleader.com.br

A IMPORTÂNCIA DE UMA HISTÓRIA

Quando nasce uma empresa, nasce uma história. Os primeiros anos, os primeiros clientes, a primeira logomarca, a visão, a missão e os valores. A importância da história de uma empresa e a de seu fundador é algo incomparável.

Cada história é única e com ela nasce um legado. Aquele que tem a possibilidade de conhecer profundamente a história de uma empresa passa a admirá-la e a observá-la com novo olhar.

O leitor (seja ele funcionário, cliente, familiar, amigo ou mesmo um desconhecido), ao ler a trajetória de uma empresa em detalhes, sente-se parte da história. E o valor que isso representa é transferido para a marca.

Pensando nisso a Editora Leader em parceria com a Alta Gestão apresenta o livro "Histórias das Empresas" com o objetivo de apresentar as histórias de grandes empresas e contribuir para o registro biográfico de nosso país.

O livro coordenado por Cristiano Lagôas, presidente da Alta Gestão, e Andréia Roma, diretora de projetos e fundadora da Editora Leader, tem a ideia de levar o leitor a refletir sobre os valores, conceitos e comportamentos necessários para alcançar o sucesso na vida corporativa.

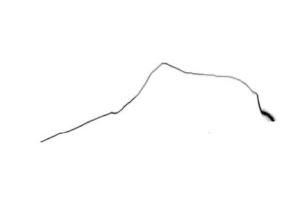

AGRADECIMENTOS

Cada dia é uma oportunidade de transformar sonhos em realidade. "Bem aventurados os que não viram e creram." Bem aventurados os empreendedores, que acreditaram em um sonho e o tornaram realidade. Sonhos que estão materializados e imortalizados nas histórias das empresas participantes desta publicação. Sonhos de vida!

Vendo o resultado deste livro inédito no Brasil, só tenho a agradecer, principalmente a Deus, que nos inspirou na realização desta obra literária.

O meu agradecimento especial às empresas autoras, que gentilmente aceitaram o nosso convite para compartilhar os seus aprendizados e desafios do dia a dia corporativo para a construção do sucesso empresarial.

Não poderia também deixar de registrar o meu agradecimento à minha querida família, aos meus amigos, colaboradores e parceiros da Alta Gestão, que me inspiram com motivação, compaixão e alegria.

Obrigado especial à amiga Andréia Roma, da Editora Leader, pelo carinho e apoio na realização desta obra.

Desejo que a biografia destas empresas inspire novos empreendedores, e que as experiências e aprendizados compartilhados se transformem em um grande acervo de informações de valor incontestável para a sociedade.

Boa leitura!
Muito obrigado e um cordial abraço em todos vocês.

Cristiano Lagôas
Presidente da Alta Gestão S.A.
Jornalista (MTb 36787/RJ)

AGRADECIMENTOS

Agradeço a Deus que é minha fonte de inspiração, sem o qual nada disso seria possível.

Agradeço às organizações que participaram desta obra relatando e registrando aqui sua biografia empresarial.

Meu agradecimento especial ao parceiro e amigo Cristiano Lagôas.

Cada uma das empresas aqui apresentadas lidam o tempo todo com percepções e sentimentos do consumidor. Todo trabalho de marca é fundamental. Ações promocionais, propaganda e a divulgação on line são algumas das ferramentas das quais o marketing lança mão.

O relacionamento com o cliente é outra delas.

A biografia empresarial, nesse contexto, é um diferencial importante para fortalecer o relacionamento com o mercado. É oferecer ao cliente / leitor a história da empresa evidenciando os valores da companhia e divulgando de maneira ímpar sua marca no mercado.

E como a biografia não é uma peça publicitária, a percepção que o leitor terá sobre a empresa será muito mais forte e verdadeira.

Para mim, como editora, além de idealizar a obra em parceria com a Alta Gestão, é um privilégio publicar este conteúdo que certamente irá fortalecer ainda mais o mundo empresarial.

Sucesso!

Andréia Roma
Fundadora e Diretora de Projetos
da Editora Leader

ÍNDICE

EMPRESAS

Alterdata Software	10
Grupo AM3	16
Casa da Criação Propaganda	26
CDLRIO	32
Clínica São Vicente	42
Donin Contabilidade	50
Grupo DSRH®	56
Guelli	64
Mega Sistemas Corporativos	70
Rede do Sabor	80
Silhueta Infantil	86
SindilojasRio	94
Strategy Consulting	104
Teatro Casa Grande	110
TOTVS	116

HISTÓRIA DAS EMPRESAS

Alterdata Software
Ano de fundação: 1989

O COMEÇO

A Alterdata foi fundada em Petrópolis (RJ), em 1989, por Ladmir Carvalho e José Ronaldo da Costa, com 25 e 20 anos de idade respectivamente. Os sócios eram programadores e desenvolviam softwares para as empresas da região, mas entendiam que o mercado precisava de algo mais robusto, aprimorado e com bastante foco na qualidade de atendimento. Isso motivou-os a criar a empresa de software que construiria aplicativos para a gestão empresarial.

Montada sem nenhum capital inicial, apenas a força de trabalho dos dois sócios, com Ladmir, aos poucos, tornando-se o diretor executivo e José Ronaldo o diretor técnico, hoje a empresa é uma das maiores do país na área de desenvolvimento de softwares corporativos.

LINHA DO TEMPO

Fundada em 1989, em 1993 a empresa já fazia sua expansão nacional, instalando bases em diversos pontos do país e criando uma metodologia para a gestão de clientes a distância. No ano de 2000, já era uma das maiores do país, acumulando prêmios de qualidade e conquistando destaque em várias mídias, com sede própria de dois mil metros quadrados instalada em Teresópolis (RJ), vizinha à cidade de origem. Em 2010, mudou-se para o seu segundo prédio próprio, este com sete mil metros quadrados, e construiu na sede anterior uma Universidade Corporativa com objetivo de manter toda a empresa treinada. Em 2016, atingiu a marca de quinta maior empresa brasileira de software com 30 mil clientes ativos, cerca de 1.300 colaboradores, mais de 90 bases de atendimento no país e muitos prêmios conquistados.

DESAFIOS E RESULTADOS

A empresa, que nasceu sem capital, precisou ter muita disciplina para manter os controles financeiros sempre bem apurados. A Alterdata nunca descontou duplicata em banco, nunca usou limite de cheque especial, nunca pegou dinheiro emprestado, nunca recebeu fundo de investimento ou qualquer ajuda financeira. Tudo sempre foi conduzido com muito rigor. A empresa passou por vários estágios de amadurecimento, muitos setores foram criados, muitos treinamentos foram dados e sempre teve em mente que era preciso se reinventar, pois ela nasceu em uma pequena cidade da região serrana do estado do Rio de Janeiro e sempre teve de competir com gigantes das metrópoles brasileiras.

A empresa tem média histórica de crescimento de 20 a 30% ao ano por mais de 24 anos seguidos, sempre mantendo um EBTIDA (Earnings Before Interest, Taxes, Depreciation and Amortization) acima de 20% anual, o que demonstra que a organização tem estrutura sólida para operar nos mais diversos cenários econômicos que o Brasil viveu nesse período.

Um dos maiores desafios, que hoje é um diferencial competitivo, é a estrutura de canais fortes e bem administrada. Montar cerca de 90 bases de atendimento e vendas no país não é complicado, o difícil é fazer todas trabalharem bem, darem bom atendimento aos clientes. E isso foi alcançado.

Alterdata Software

CURIOSIDADES

A Alterdata sempre teve como estratégia ser uma empresa de baixo risco, sem depender de nada, de nenhum mercado, de nenhum cliente, de nenhum funcionário, e isso vem sendo levado a sério desde sua fundação. Hoje, na Alterdata, os 20 maiores clientes representam, juntos, cerca de 0,6% do faturamento da empresa, ou seja, os clientes são muito pulverizados. Nenhuma região, estado ou cidade tem peso expressivo no faturamento. A empresa trabalha com quatro grandes linhas de produtos para segmentos diferentes e a maior representa 35% do faturamento. Em se tratando de quatro segmentos, mais uma vez está tudo muito dividido.

No quesito pessoal não é diferente: nenhum profissional tem o poder sobre algum projeto ou cliente, o que mostra que mais uma vez a descentralização é prioridade na empresa.

Em 2015, com a crise nacional muitas empresas perdendo faturamento, a Alterdata cresceu 20%, fruto de muita preparação nos anos anteriores.

A Alterdata é totalmente verticalizada, tende a fazer as coisas que precisa por si mesma em vez de contratar terceiros, porque acredita que a velocidade é fundamental para o processo de inovação e o que mais representa isso é o fato da empresa ter um estúdio de TV dentro de sua estrutura, onde grava aproximadamente 30 vídeos por mês de todos os tipos, sejam de treinamento, vendas, cursos e outros, tudo para preparar melhor a própria equipe e os clientes.

PREMIAÇÕES

A empresa já se destacou inúmeras vezes entre as que mais crescem no Brasil segundo a revista PEGN, esteve várias vezes entre as melhores empresas para se trabalhar no Brasil segundo o Great Place to Work, tem certificação ISO 9000 e um de seus sócios, Ladmir Carvalho, conquistou o prêmio de empreendedor do ano da Endevour e da revista Você S/A.

Ladmir Carvalho
Diretor Executivo (CEO)

VISÃO DE FUTURO

A Alterdata acredita que pode dobrar a capacidade da empresa em três anos e, para isso, precisa resolver questões como aprender a comprar empresas e integrá-las aos seus departamentos, para o que já vem se movimentando. Nos últimos dois anos adquiriu cinco empresas que estão contribuindo para a Alterdata entrar em novos mercados.

A Alterdata acredita que em pouco tempo a forma de se relacionar com os clientes irá mudar e vem fazendo mudanças bruscas no suporte para uma nova realidade, alterando substancialmente a forma de capacitar os clientes e investindo na UCA – Universidade Corporativa da Alterdata.

A diretoria também acredita que possa atuar em outros países nos próximos anos e vem preparando sua base tecnológica para que isso aconteça.

HISTÓRIA DAS EMPRESAS

Grupo AM3
Ano de fundação: 1989

nossa SEDE
100% sustentável

Grupo Am3

27 anos inovando na velocidade do conhecimento

98% de satisfação

1,5 milhão de pessoas treinadas

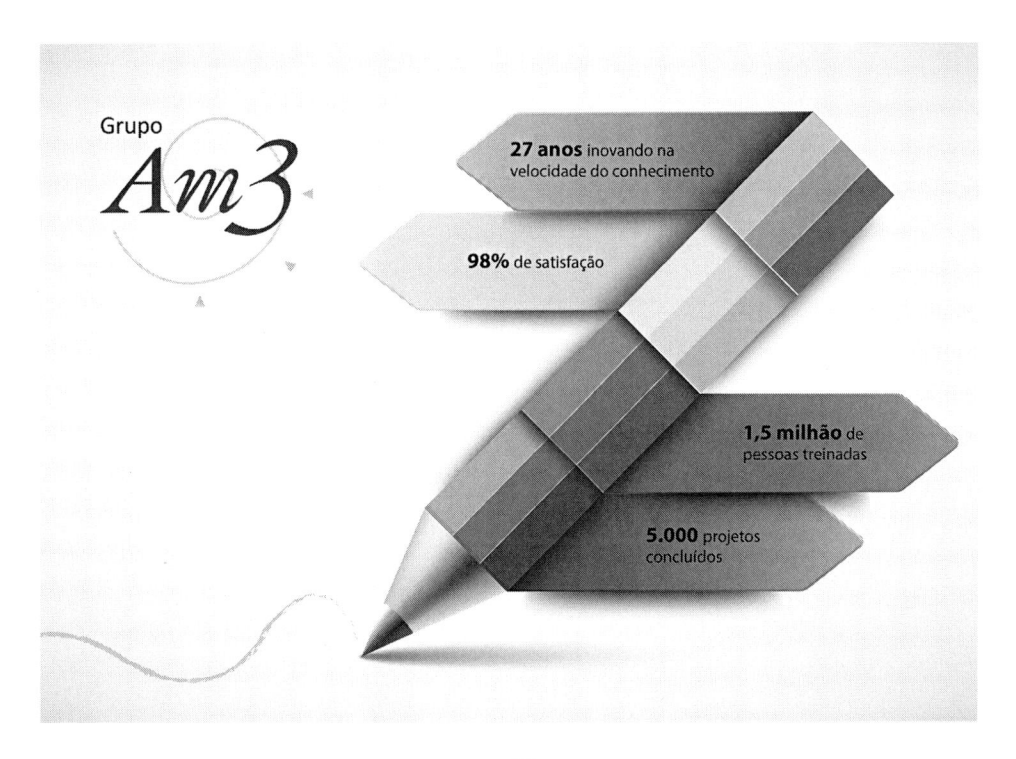

5.000 projetos concluídos

O COMEÇO

A AM3 nasceu em 1989, na cidade de São Paulo (SP), fundada por Ana Maria Moreira Monteiro, embora a convicção de que teria uma empresa tenha surgido quando estava ainda com apenas 6 anos. Sou nascida em Volta Redonda (RJ), de uma família muito simples com 10 irmãos e apenas o pai trabalhava, como motorista na CSN (Companhia Siderúrgica Nacional). Como sou a caçula, a "raspa do tacho", tive nove "professores" que me ensinaram a dor e a delícia de ser a última.

Hoje chamariam de *bullying*: AM3 é o meu nome: **A**na **M**aria **M**oreira **M**onteiro, mas quando criança isso foi motivo de muitas risadas de irmãos e colegas e muito sofrimento para mim, que não compreendia o por que me chamavam de **AM ao cubo**; quanto mais eu chorava pensando que era um palavrão, afinal de contas não conhecia potenciação, mais eles riam e não fosse por um deles que tivera a bondade de me explicar que cubo era porque eu tinha 3 emes no nome, talvez sofresse até a adolescência quando esse assunto fosse ensinado na escola. Naquele mesmo dia eu escrevi na última folha do meu caderno: "quando eu crescer vou ter uma empresa com esse nome: **am3**". O 3 era tão grande que ocupava toda a folha. A partir daí não sofria mais e até gostava que me chamassem assim.

Só fui entender o que tinha acontecido na faculdade de psicologia, lá aprendi sobre RESSIGNIFICAR: "Quando o significado se modifica, mudamos também nossa maneira de agir".

LINHA DO TEMPO

1989	Nasce a AM3 Telemarketing. Com visão inovadora, Ana Maria Moreira Monteiro dedicou-se a disseminar a cultura do segmento no mercado nacional.
1999	Nos 10 primeiros anos, a AM3 capacitou mais de 250 mil profissionais e criou a primeira metodologia de monitoria da qualidade no Brasil.
2007	A AM3 estabeleceu-se como holding formando o GRUPO AM3, formada por quatro unidades de negócio: Consultoria Estratégica, Gestão de Pessoas, Telemarketing/Call Center/Contact Center e Educação Corporativa.
2010	A AM3 Marketing e Propaganda é a nova unidade de negócio do GRUPO AM3. A principal missão da agência é desenvolver e utilizar soluções, estratégias e ferramentas do mix de marketing, alinhado aos objetivos individuais de cada cliente. Sempre com foco em resultados.
2012	Inauguração da nova sede 100% sustentável; 1ª turma de certificação profissional em Marketing de Relacionamento e Expansão Internacional.
2014	A AM3 assume a liderança no mercado brasileiro com as unidades de negócio de Universidade Corporativa, Consultoria Estratégica e o lançamento dos Serviços de Mapeamento por Processos.
2016	A marca AM3 completa 27 anos e para fazer jus ao seu slogan: "inovando na velocidade do conhecimento" oferecemos ao mercado o ***microlearning***, que são ações de desenvolvimento contínuo de curta duração, através de pílulas de incentivo aplicadas de acordo com as oportunidades de melhoria identificadas na monitoria da qualidade que realizamos a distância. Entendemos que o dinamismo da atividade não permite grandes períodos de ausência dos profissionais para treinamentos de longa duração.

A Am3 Marketing e Propaganda, com o objetivo de criar um diálogo genuíno entre os consumidores e as empresas, por meio de conteúdos relevantes e que acrescentem valor para o público-alvo, amplia o seu portfólio de serviços, incluindo o Marketing de Conteúdo como ferramenta fundamental para alcançar os objetivos dos clientes. Os consumidores estão cada vez mais conscientes, ativos e entendem que o seu poder de compra tem impacto global, buscam produtos e serviços que satisfaçam não só suas próprias necessidades, mas buscam experiências e modelos de negócios que toquem o seu lado espiritual, abordem questões socioculturais, sustentabilidade ambiental e cultural.

DESAFIOS E RESULTADOS

Abrir uma empresa de telemarketing quando a principal ferramenta, o telefone, era escasso.

O cenário era de total desconhecimento com relação ao setor de atuação da AM3, que nasceu com o objetivo de disseminar a cultura do telemarketing em todo o território nacional e contribuir com o crescimento profissional e pessoal de todos aqueles que de alguma forma se relacionassem conosco. Além disso, propunha o crescimento da economia e a geração de empregos.

Hoje, o que muito me orgulha é poder compartilhar com vocês que o setor de Relacionamento com o Cliente já se enquadra, há anos, como um dos maiores empregadores do país. Para conseguir disseminar a cultura do telemarketing fui para o mundo acadêmico, tanto na Fundação Armando Alvares Penteado - FAAP como na Universidade de São Paulo - USP, onde atuava como coordenadora e docente dos cursos, além de ministrar palestras em todo território nacional com o tema "Crescendo com o *Telemarketing*".

Tudo isso quando a principal ferramenta, o telefone, era um bem tão raro e caro que se colocava na coluna de ativos do imposto de renda. Para cada 100 habitantes, três possuíam uma linha telefônica e, mesmo com esse cenário, resolvi persistir com a minha empresa, tendo a convicção necessária de que algo iria acontecer no mundo das telecomunicações. Enfrentava um público que desconhecia o assunto e falava sobre um tema irreal para a maioria dos empresários brasileiros.

Foi quando decidi escrever o primeiro livro de telemarketing editado no Brasil: "Telemarketing, Sucesso nos Negócios - Orientações Essenciais ao Operador", seguido de dois outros com os títulos "Supervisão: a Alma do Negócio" e "A Era do Relacionamento". Este último, já traduzido para o espanhol, foi lançado no maior evento de gestão de relacionamento com o cliente do México.

Estudo o setor de Telesserviços (T*elemarketing, Call Center e Contact Center*) há mais de 30 anos, fui conferencista do Grupo Catho ministrando palestras em São Paulo, Rio de Janeiro, Campinas, Belo Horizonte, Porto Alegre e Joinville, quando os valores por participante eram cobrados em OTN (Obrigação do Tesouro Nacional). Acredito que muitos leitores nunca devem ter ouvido falar nessa forma de pagamento.

CURIOSIDADES

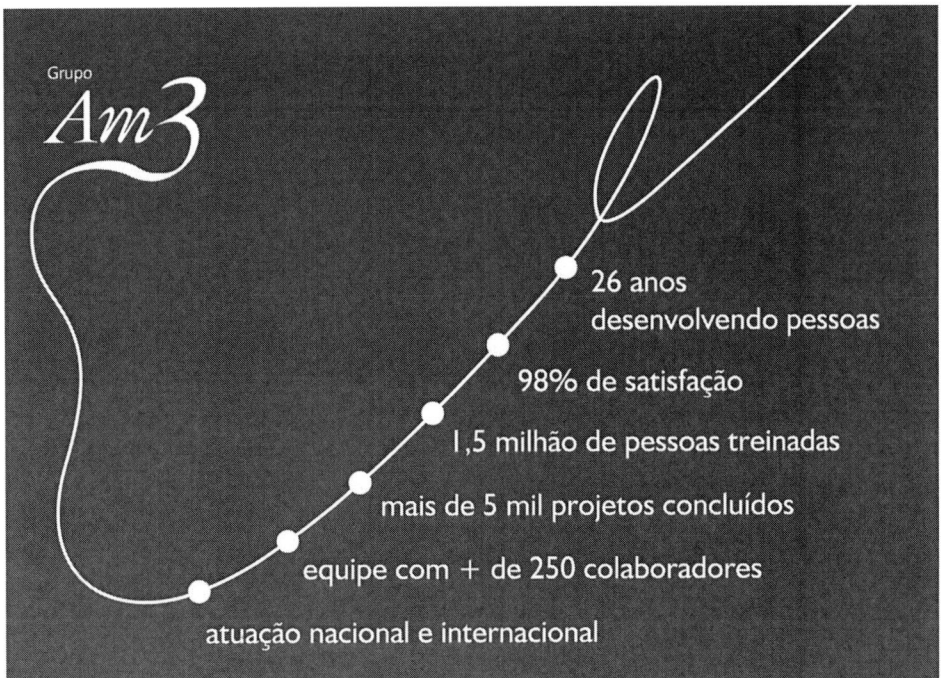

PREMIAÇÕES

Prêmio Ouro na categoria: Melhor Divulgação do Telemarketing

2.300 artigos publicados, participação com Renata Ceribelli no Fantástico - TV Globo, três participações no programa PEGN – Pequenas Empresas e Grandes Negócios, duas entrevistas na Rádio CBN com Heródoto Barbeiro e Thiago Barbosa, SBT, Rede Mulher etc.

Troféu Ouro do Personalidades Cliente SA – Televendas

Prêmio totalmente gerenciado pela internet, contou com cerca de 100 mil acessos no hotsite e mais de 4.700 votos. Ana Maria Moreira Monteiro foi eleita por um Comitê de Notáveis que avaliou os executivos mais votados pela internet.

Troféu Ouro do Personalidades Cliente SA – Marketing

Prêmio totalmente gerenciado pela internet, contou com cerca de 87 mil acessos no hotsite e mais de 3.500 votos. Márcio Maia Monteiro de Oliveira, diretor da unidade de negócios Am3 Marketing e Propaganda, foi eleito por um Comitê de Notáveis do setor que avaliou os executivos mais votados pela internet.

Prêmio de Executiva do Ano

Melhor Executiva de Telemarketing; ABT Ouro com o Case: Cultura de Telesserviços no Brasil; ABT Ouro como a Melhor Consultoria em Call Center / Contact Center; Prêmio Personalidade do Ano, outorgado pela Assembleia Legislativa do Estado de SP.

VISÃO DE FUTURO

Nesses quase 30 anos, passamos por importantes acontecimentos em nossa economia, diversos planos e privatizações influenciaram o setor de atuação da AM3, principalmente a privatização do sistema Telebrás em julho de 1998, que foi um divisor de águas, quando chegamos a crescer 253% em apenas 3 anos.

Agora, o setor está se reinventando, com o advento da internet, mídias sociais e aplicativos, tem mudado significativamente a forma como nos relacionamos com nossos clientes, fornecedores, investidores, parceiros e colaboradores.

O telefone, que era a principal ferramenta, passa a ser a última opção para muitos, em especial para os millenials que, segundo pesquisas, representarão 75% da força de trabalho no mundo nos próximos dez anos.

A visão de nossa empresa para o futuro está diretamente ligada à realidade dessa geração, que passou a ser target de nossas ações, afinal, daqui para frente, eles serão grande parte da população economicamente ativa.

Analisando as soluções apontadas na pesquisa do Join.me sobre os millenials, percebo que o Grupo AM3 já implementou várias ações que eles apontaram como essenciais, por exemplo, a mudança para a nossa sede 100% sustentável, construída em cima de três árvores em meio a muito verde. Toda a construção é de madeira, vidros (adquiridos de bancos que fecharam suas agências) e telhado de piaçava (ecologicamente correto). A decoração foi feita com materiais reaproveitados, temos visão 360º para a natureza.

Disponibilizamos mantas e pantufas no inverno e, no verão, chinelos de palha, mesmo sendo absolutamente permitido trabalhar descalços. O mais importante é saber como eles se sentem, inclusive incentivamos interações e reuniões por Skype, WhatsApp e sugerimos o trabalho fora do escritório, com total flexibilização de local e de horário. Passamos a considerar qualquer lugar com WiFi, como um local de produtividade corporativa.

Avaliamos nossos prestadores de serviços não por horas de trabalho, mas por projetos concluídos com sucesso.

Ana Maria Moreira Monteiro

Presidente e fundadora do Grupo AM3. Formada em Psicologia com especialização em Marketing, pós-graduada em Administração de Empresas, MBA em Gestão Empresarial e CEO Executivo Internacional da Fundação Getúlio Vargas. Como escritora, publicou três livros para o setor de Call Center: "Telemarketing – Sucesso nos Negócios, Orientações Essenciais ao Operador"; "Supervisão – A Alma do Negócio"; e "A Era do Relacionamento", este último traduzido para o Espanhol e lançado no México. Tem prêmios relevantes como "Melhor Executiva de Telemarketing"; "ABT Ouro" com o case: "Cultura de Telesserviços no Brasil"; "ABT Ouro" como a Melhor Consultoria em Call Center/Contact Center; Prêmio "Personalidade do Ano", outorgado pela Assembleia Legislativa do Estado de SP.

HISTÓRIA DAS EMPRESAS

Casa da Criação Propaganda
Ano de fundação: 1981

O COMEÇO

A Casa da Criação foi fundada por Gian Calvi em 1981. Um dos designers, ilustradores e artistas gráficos mais respeitados do país, Gian foi durante muitos anos Diretor de Criação da Haroldo Araújo, à época uma das referências de agência criativa do Rio de Janeiro, quando a cidade ainda era a "meca" da propaganda nacional.

Gian decidiu ter sua própria agência, num conceito de butique criativa.

LINHA DO TEMPO

1981	Fundação da Casa da Criação.
1986	Marcos Calvi, filho de Gian, assume a gestão da agência junto com Suzana Leal.
1991	Noel de Simone abandona a carreira de advogado e torna-se sócio da agência, compartilhando com Marcos e Suzana a visão de agência multidisciplinar.
1993	Fundam a Direto da Casa, tendo como sócio e Diretor de Criação Octávio Moreira Lima; constituem a Qualidéia Brasil, representando a Qualidéia de Portugal, do designer Marco Bello, surgindo o Grupo Casa da Criação.
1998	Montam uma unidade on line, que seria o embrião da Homewebbing, constituída em **2001**, e especializada em marketing digital.
2003	Sergio Coelho e Antônio Faoro associam-se à Homewebbing.
2004	É lançada a Casa de Eventos, ampliando o escopo de atuação do Grupo que passa a oferecer através da nova marca os serviços de promoções e eventos a seus clientes.
2011	Inicia-se o processo de fusão de todas as operações na Casa da Criação, deixando de existir o conceito de "Grupo" para tornar-se uma agência multidisciplinar.
2013	A agência inclui serviços de digital analytics ao seu portfolio para monitorar a performance e o ROI de seus clientes.
2015	Passa a representar, no Rio de Janeiro, a Hubspot, maior player mundial especializado em Inbound Marketing, e incorpora a No Blind, agência digital dos sócios Gustavo Pereira, Thomaz Terini, Sergio Chagas e André David, que passam a ser sócios da Casa da Criação, reforçando ainda mais a equipe digital da agência.
2016	Inauguram nova sede no Centro do Rio.

DESAFIOS E RESULTADOS

O desafio de manter uma empresa de prestação de serviços em um país como o nosso, além de tudo gigantesco, é permanente. Ainda mais num segmento de mercado tão sensível quanto o da propaganda.

Ao longo de nossa existência foram inúmeras as crises pelas quais passamos e, felizmente, com talento, competência, criatividade, responsabilidade e, vá lá, um pouco de sorte, temos conseguido superar todas elas com sucesso. Credito isso também à qualidade das pessoas que ao longo de todos esses anos passaram pela Casa e à forma pela qual temos conseguido manter nossa equipe unida, comprometida e acreditando que é possível pertencer a um time vitorioso e a uma empresa que trata bem seus colaboradores e parceiros de negócio, conseguindo manter um clima organizacional leve, agradável, divertido e, ao mesmo tempo, extremamente profissional.

CURIOSIDADES

Ao longo desses 35 anos de vida, são muitas as histórias e curiosidades do dia a dia. São incontáveis campanhas, peças promocionais, ações promocionais e logomarcas criadas, centenas de clientes atendidos, inúmeros lançamentos de empresas, shopping centers, produtos e empreendimentos imobiliários realizados, atendendo a praticamente todos os segmentos de negócio, o que nos proporcionou experiência acumulada riquíssima.

Foram várias centenas de colaboradores que por aqui passaram e vimos muitas carreiras que aqui se iniciaram deslancharem. Hoje temos a felicidade de ver muitos deles se tornarem profissionais de destaque no mercado publicitário carioca e brasileiro. Em vários encontros de final de ano, convidamos nossos "ex" e é sempre uma emoção muito grande. Até porque, cerca de 9 ou 10 famílias acabaram se formando em função de casamentos ou uniões estáveis que surgiram do encontro de pessoas que se conheceram trabalhando aqui na agência. É muito legal saber que de certa forma tivemos essa participação na vida dessas pessoas. Todas elas muito queridas e que, com certeza, também nos querem muito bem.

PREMIAÇÕES

Ao longo de todos esses anos, fomos contemplados com mais de 100 prêmios entre os mais relevantes do país.

VISÃO DE FUTURO

A empresa tende a se tornar cada vez mais uma provedora de soluções criativas e integradas de comunicação e marketing, de modo a contribuir de forma cada vez mais relevante com os nossos clientes para que estes tenham resultados positivos de venda e sucesso no processo permanente de construção e fortalecimento de suas marcas. Cada vez mais estaremos inseridos no marketing e na comunicação digital, pois através das novas ferramentas disponíveis no mercado, estaremos desempenhando com mais precisão a tarefa de melhorar a performance e o ROI de nossos clientes, integrados com sua equipe de vendas de modo a gerar leads e resultados de venda.

HISTÓRIA DAS EMPRESAS

CDLRio
Ano de fundação: 1955

Edifício na avenida Primeiro de Março, centro do Rio, onde funciona o CDLRio

O COMEÇO

O **Clube de Diretores Lojistas do Rio de Janeiro** – CDLRio, o primeiro do Brasil, nasceu em 7 de novembro de 1955, na cidade do Rio de Janeiro, então Capital Federal, sob a inspiração de um grupo de comerciantes lojistas preocupados em expandir com segurança as vendas a crédito. Com esse objetivo e essa esperança, a entidade se transformou em sucesso, tornando-se um marco na história do crediário no Brasil com a criação do Cadastro Central de Crédito - CCC, que mudou de nome, em 24 de setembro de 1956, para Serviço de Proteção ao Crédito - SPC, uma das marcas mais conhecidas em todo o território nacional que foi responsável pelo grande desenvolvimento das vendas do comércio no Brasil.

Naquela época, em 1955, para avaliar a concessão de crédito ao consumidor os lojistas tinham que percorrer um longo caminho, por meio de informantes profissionais, pessoas físicas, que colhiam informações comerciais sobre o candidato ao crédito em outros estabelecimentos, como açougue, armazém, padaria e vizinhos, nas cercanias da residência do cliente. Tudo isso levava cerca de 20 dias até a aprovação. Hoje a resposta é imediata, inferior a 0,3 segundo.

A história do CDLRio é feita de pioneirismo e determinação dos empresários lojistas e se constitui em um dos exemplos bem-sucedidos entre as entidades representativas de comércio do Brasil. Ao longo desses mais de 60 anos de existência, a entidade preparou-se montando uma eficiente infraestrutura e dispõe de um vasto portfólio de serviços e produtos inovadores para dar maior segurança na análise de crédito e gestão de negócios em todas as suas etapas, dedicando especial atenção aos seus mais de 15 mil associados, que contam com acesso ao maior e melhor banco de dados sobre informações comerciais do País.

LINHA DO TEMPO

Na década de 50, quando o CDLRio foi criado, o Rio de Janeiro detinha a primazia dos negócios do país. Viviam na cidade cerca de três milhões de habitantes, que contavam com número aproximado de 36 mil estabelecimentos dedicados ao comércio lojista.

Nessa época, o crescimento da nossa economia refletia o progresso

Reprodução da matéria sobre a criação do CDL-Rio no jornal Tribuna da Imprensa, em 23 de novembro de 1955

do pós-guerra. A força desse desenvolvimento econômico era em grande parte fruto do elevado consumo sustentado pelo comércio. Com origem principalmente dos Estados Unidos, o Brasil importava de tudo, abastecendo as lojas com os mais variados produtos.

Era um período de grande prosperidade para o varejo do Rio de Janeiro. Por essa razão, grande número de lojistas cariocas viajava constantemente para os Estados Unidos a fim de conhecer as novidades, absorver experiências e se inspirar no grandioso varejo americano. Naquele tempo, as novidades e as inovações chegavam ao Brasil por meio do comércio.

Para ficar mais perto desse progresso e desenvolvimento, comerciantes do Rio de Janeiro associaram-se à maior entidade do varejo americano, a National Retail Merchandising Association – NRMA, agora NRF – National Retail Federation, que realiza o maior evento de varejo do mundo, contando sempre com a presença de milhões de participantes de todos os continentes.

Foi lá, em 1954, que esses lojistas cariocas ficaram entusiasmados com certa apresentação sobre um grande Cadastro de Consumidores Inadimplentes para auxiliar as vendas a prazo no mercado americano. A consequência não podia ser outra: naquele momento começou a germinar a semente que deu origem ao Serviço de Proteção ao Crédito – SPC.

Antes disso, um grupo de comerciantes, associados e diretores do Sindicato dos Lojistas do Comércio do Município do Rio de Janeiro – SindilojasRio – costumava se encontrar para almoçar no Restaurante Mesbla. O objetivo era unir esforços para resolver questões relacionadas, principalmente, com a venda a crédito que já se praticava no Rio de Janeiro, uma das cidades precursoras dessa nova modalidade, seguida por outras capitais.

DESAFIOS E RESULTADOS

Desde os seus primeiros anos de vida, o CDLRio logo percebeu o grande trabalho que tinha pela frente, entre eles a necessidade premente de disciplinar o comércio marginal e informal no Centro da cidade e nos bairros; de executar projetos e estudos para a redução dos tributos incidentes sobre o setor; promover a iniciativa de entendimentos e gestões perante os poderes públicos e representações da sociedade civil organizada para defesa da classe e diversas atividades promocionais.

Além dessas, a entidade realizou várias outras ações que perduram até hoje, como a valorização e promoção das grandes datas comemorativas que carregam no seu bojo forte apelo comercial, a qualificação de empresários e profissionais das lojas, com a aplicação de cursos de especialização em varejo.

Mas, a primeira grande batalha travada pela entidade foi com os camelôs, cuja situação, naquela época, ainda não tinha saído de controle. O CDLRio, com o apoio e o auxílio das autoridades, conseguiu disciplinar horários para funcionamento, localização dos pontos de venda e, até mesmo, selecionar os tipos de mercadorias que seriam permitidos.

No capítulo das dificuldades enfrentadas pelo SPC, resultado do sucesso extraordinário que vinha alcançando, foi um desentendimento com a Prefeitura que quis cassar a licença de funcionamento do serviço concedido ao CDLRio, por considerar, na época, que uma entidade para funcionar na relação mercantil entre o consumidor e o comércio, com avaliação do cadastro pessoal, deveria pertencer ao serviço público, no caso órgão da própria Prefeitura e não uma sociedade civil. O CDLRio recorreu à Justiça e, felizmente, ganhou o direito de exercer plenamente a atividade.

Até fins da década de 80, os diversos serviços de proteção ao crédito existentes nas cidades brasileiras operavam de forma isolada. Existia um procedimento de intercâmbio de informações que viabilizava que estes serviços realizassem consultas entre si, no entanto a quase totalidade dessas consultas aconteciam por meio de ligações telefônicas realizadas entre as entidades e a resposta era mais demorada.

Com a evolução do mercado, as empresas de âmbito nacional necessitavam de respostas mais eficientes e mais rápidas. Para responder a essa necessidade do mercado, o CDLRio e a Associação Comercial de São Paulo - ACSP elaboraram um sistema que permitia realizar consultas entre suas bases de dados de forma automática e instantânea. O serviço evoluiu e essas entidades passaram a fornecer aos seus associados uma só resposta. A seguir, a elas se juntaram outras capitais do país. Essa integração evoluiu, atingindo todo o país e deu origem à Rede de Informações de Proteção ao Crédito – RIPC, que mais adiante tornou-se a Rede Nacional de Informações Comerciais – RENIC.

Para a permanência no mercado de crédito com novos serviços e poder diminuir as desvantagens competitivas, tornou-se cada vez mais necessário abordar comercialmente as diversas atividades de negócios, não só como entidade, mas com formato de empresa. Foi assim que, após quatro anos, o CDLRio, juntamente com seus parceiros, concluiu que era chegada a hora de oferecer ao mercado melhores produtos a preços competitivos.

Em 2011, tomou então a decisão de associar-se, na qualidade de acionista, à Boa Vista Serviços - BVS, resultado da união entre a Associação Comercial de São Paulo, a Associação Comercial do Paraná, a Câmara de Dirigentes Lojistas de Porto Alegre e um fundo de investimento. Acima de tudo, a opção do CDLRio de associar-se à BVS foi também a de participar de uma empresa com estrutura econômico-financeira mais forte.

CURIOSIDADES

O CDLRio foi a primeira entidade a estimular e promover as datas comemorativas do comércio, como o Dia dos Pais, Dia das Mães, Dia das Crianças, entre outras.

Com a expansão e o desenvolvimento do Serviço de Proteção ao Crédito – SPC, para atender à demanda o CDLRio equipou-se com o mais moderno e avançado sistema de telefonia dimensionado para o tráfego do Estado, superado apenas pelo da Bolsa de Valores da época.

O CDLRio foi a primeira entidade do comércio a implantar a completa informatização do cadastro do SPC, iniciando a integração estadual e nacional dos serviços.

Apoiado em quase seis bilhões de registros históricos, o CDLRio oferece soluções capazes de alavancar negócios, ampliar visão de mercado, mapear riscos, oportunidades, aperfeiçoar e rentabilizar operações dos seus 15 mil associados. Nosso Serviço de Proteção ao Crédito atende a cerca de 12 milhões de consultas/mês. Em nosso cadastro constam atualmente seis milhões de CPF e três milhões de CNPJ somente no Estado do Rio de Janeiro, enquanto que do cadastro nacional fazem parte 140 milhões de CPF e 60 milhões de CNPJ.

Convênios com o Poder Público em geral que beneficiam seus associados e a população. Dentre eles, com a Secretaria de Segurança Pública e os Ministérios Públicos do Estado e Federal, com troca de informações que resultaram em maior celeridade nas conclusões de inquéritos policiais e denúncias, combatendo-se delitos tão danosos à vida cotidiana e também o acordo com o Tribunal de Justiça do Estado do Rio de Janeiro, por meio do qual se erradicaram as fraudes em ofícios judiciais e demandas, dando maior rapidez no relacionamento entre as partes, na diminuição dos custos e na solução de conflitos.

Criador do IVAR – Instituto do Varejo, junto com o SindilojasRio (Sindicato dos Lojistas do Comércio do Município do Rio de Janeiro), viés cultural das entidades nas áreas de educação e capacitação para os profissionais do comércio varejista, que deu origem dentro IVAR, em 2008, à Universidade Corporativa do Varejo, com lançamento do MBA em Gestão de Varejo e Serviços, em parceria com reconhecidas entidades de ensino. No ano seguinte, em 2009, inaugurou o primeiro Curso Superior em Gestão de Varejo do Rio de Janeiro, dando oportunidade aos profissionais que não tiveram a chance de fazer um curso superior na sua área de atividade.

Em 2006, criou o IVAR Contact Center, braço do CDLRio para soluções de relacionamento, tecnologia de informação e comunicação unificada, que faz parte da estratégia de buscar novos negócios em outros mercados e, também, colaborar para reforçar e ampliar a posição do comércio, principalmente a do pequeno e médio lojista. Funcionando 365 dias por ano, 24 horas/dia, o IVAR Contact Center recebe mais de 1,5 milhão de ligações por ano, atendendo também a grandes clientes de várias áreas de atuação, além do próprio comércio.

Para levar aos associados cada vez mais e melhores instrumentos que possam apoiá-los no seu dia a dia, o CDLRio criou, em 1981, um moderno Centro de Estudos, que produz análises e pesquisas, sendo o mais conhecido "Termômetro de Vendas", que mostra tendências e os impactos econômicos no movimento do comércio.

PREMIAÇÕES

Ao longo dos seus mais de 60 anos, o CDLRio tem recebido diversas premiações e homenagens de todos os setores da sociedade civil organizada, dos poderes executivo, legislativo e do judiciário das esferas federais, estaduais e municipais, das forças armadas, das entidades de comércio de todo o país e também da mídia, pelos relevantes serviços prestados não apenas ao comércio, mas à sociedade como um todo.

O CDLRio, é bom ressaltar, foi a entidade pioneira que deu origem ao movimento "cedelista" no país, com a criação de novos CDL's por todo o Brasil e, inclusive, às entidades estaduais como a Federação do Clube de Diretores Lojistas do Rio de Janeiro – FCDLRJ e a própria Confederação Nacional dos Diretores Lojistas – CNDL.

VISÃO DE FUTURO

Não é exagero dizer que a criação do CDLRio é um acontecimento que tem amplitude nacional, não apenas porque a entidade nasceu da criação do Serviço de Proteção ao Crédito – SPC, considerado um marco e uma verdadeira revolução na história do sistema de crediário no Brasil. A entidade jamais se afastou do legado deixado por seus fundadores, que é o de se transformar em uma grande tribuna na defesa de todas as causas em favor do comércio, do varejo e dos lojistas. É por isso que continua sendo um dos exemplos bem-sucedidos entre todas as entidades do setor do Brasil.

Com essas premissas, o CDLRio persegue a marca do progresso, mantendo-se no caminho da modernidade, da atualização técnica, operacional e da responsabilidade social, sintonizada com o desenvolvimento do comércio, da Cidade, do Estado e do País.

Sabe que, sendo uma das atividades mais importantes na geração de emprego e renda, o comércio é dependente do progresso e do crescimento da economia, em um país como o Brasil com imenso mercado consumidor interno, que coloca no setor a responsabilidade de oferecer aos negócios qualidade e preço em um mercado altamente competitivo.

HISTÓRIA DAS EMPRESAS

Clínica São Vicente
Ano de fundação: 1933

Primeira sede na rua Marquês de São Vicente, 314

O COMEÇO

No século passado, início dos anos 1930, dois médicos nordestinos de grande clínica resolveram unificar o local onde internariam seus pacientes. Eram eles Aluizio Marques, psiquiatra pernambucano e Genival Londres, cardiologista paraibano. Ocuparam uma casa na Gávea, na esquina das ruas Marques de São Vicente e Adolfo Lutz, e lá instituíram a então "CLÍNICA DE REPOUSO SÃO VICENTE". Era uma época quando a cardiologia ainda não contava com eventos cirúrgicos sequer de cateterismos, fossem eles diagnósticos ou terapêuticos. As internações eram basicamente por insuficiência cardíaca congestiva, quase sempre de permanência prolongada. A psiquiatria, por sua vez, contava com os seguintes tratamentos: eletrochoque, choque insulínico, impregnação e sonoterapia. Quase todos esses tratamentos eram de longa permanência, o que motivou o nome da instituição "Clínica de Repouso".

LINHA DO TEMPO

Em **1943,** outro médico, João Borges Filho, carioca que nunca tinha exercido a Medicina e era proprietário de grandes extensões de terra na Gávea, juntou-se aos dois amigos e criaram uma Sociedade Anônima visando ocupar uma parte dessas terras para a ampliação da instituição. Foram convidados parentes, amigos e pacientes que aceitaram a empreitada. Em 12 de novembro de **1949,** foi inaugurada a nova sede com a presença do Prefeito da cidade do Rio de Janeiro, Ângelo Mendes de Morais e do Presidente da República, Eurico Gaspar Dutra. Pouco depois, passa a frequentar a instituição outro renomado médico, o pneumologista Edmundo Blundi, grande incentivador das constantes melhorias e modernizações.

Além da reconhecida qualidade de atendimento, havia outro motivo para o crescente renome da instituição. Um médico, respeitadíssimo professor da então Faculdade Nacional de Medicina da Universidade do Brasil, Clementino Fraga Filho, trazia para a instituição grande parte de seus pacientes e entre eles um sem número de artistas famosos em diversas áreas. Muitas dessas histórias e tantas outras posteriores a essa fase estão relatadas no livro de João Máximo sobre a Clínica São Vicente, intitulado "Uma História a cada novo amanhecer".

No ano de **1970** começaram as obras para transformar a instituição em hospital geral com eventos cirúrgicos e novos métodos de exames complementares. Esse período está relatado a seguir.

DESAFIOS E RESULTADOS

O principal desafio foi o período de transformação da clínica de repouso em hospital geral. Pouco depois de formado, antes de ter chegado aos 30 anos de idade, resolvi fazer essa transformação, então já diretor. Eu tinha um colega na direção vindo do Hospital Silvestre, Manoel Carlos Nunes, cujos conhecimentos e ações foram os melhores mestres de gestão hospitalar que conheci. Graças ao projeto de arquitetura de Rolf Werner Hütter e a construção a cargo de Rafael Borges Dutra, em menos de nove meses se deu a transformação da instituição. Para isso, foi assumida uma dívida considerada praticamente impagável, mas o projeto e a ideologia médica implantada atraíram os maiores nomes da cirurgia de nossa cidade, fazendo com que a receita da instituição quintuplicasse em poucos meses.

Um dos grandes desafios e que hoje é um dos mais gigantescos, é a manutenção dos princípios que regem a atividade médica. Não atendemos pacientes e sim pessoas que estão doentes, inseridas em seu contexto psico-social. Por outro lado, elas são atendidas por pessoas que trabalham no hospital e que atendem a solicitação de outras pessoas, os médicos que lá internam os seus pacientes. Isso, como diz Peter Drucker em seu livro "Administração em Tempos Turbulentos", faz com que o hospital seja a instituição mais complexa e difícil de dirigir que ele conhece. Além do mais a manutenção dos princípios éticos que regem a atividade médica faz com que se afaste qualquer possibilidade de se criar conflitos éticos, como aceitar comissões de fornecedores, superfaturar contas hospitalares e mesmo distribuição de dividendos resultantes do lucro auferido.

A conduta ética e humanística faz com que a Clínica São Vicente tenha aprovação quase integral de pacientes, médicos e funcionários.

CURIOSIDADES

A primeira delas é a sua localização e o seu em torno. Em plena Mata Atlântica e preservando ao máximo a vegetação natural, a construção oferece de suas janelas belas vistas dos seus arredores. Como escreveu em sua alta uma reconhecida artista: "Obrigado por este hospital-lar". Como este, temos inúmeros outros depoimentos ou comentários.

Vale também colocarmos os diversos pioneirismos de nossa cidade que tiveram lugar na Clínica São Vicente. E, importante como sempre, o objetivo a ser atingido estava acima das dificuldades para que isso acontecesse.

Fomos o primeiro CTI em hospital privado (comentário descrente: "O paciente particular não irá nunca ficar com outros pacientes no mesmo quarto."). Fomos a primeira emergência em hospital privado (comentário descrente: "Não faça isso, a Rocinha vai descer em peso para cá.").

Fomos ainda pioneiros nos exames de Ultrassonografia e Tomografia Computadorizada e nos serviços de hemodiálise, neonatologia e transplantes diversos. E, finalmente, nosso programa de Residência Médica foi o primeiro em hospital privado reconhecido pela Comissão Nacional de Residência Médica.

Outras curiosidades se referem a casos com pacientes: no tempo em que éramos ainda Clínica de Repouso, esteve aqui internado um presidente de conhecida escola de samba de nossa cidade. Onde hoje está o auditório, era então o refeitório. Por sugestão dele, afastamos mesas e cadeiras criando um bom espaço para onde ele trouxe uma ala de sua escola de samba para fazer uma apresentação. Todos os pacientes adoraram.

Também no mesmo espaço, tivemos apresentações de artistas diversos que aqui se encontravam internados. E, finalmente, um caso que se tornou emblemático: um paciente internado no CTI que teve atendida uma condição imposta por ele para se internar: foi-lhe servido um chope que o acalmou e o fez dormir em seguida.

A criação do Centro de Estudos e Pesquisas Genival Londres fez da Clínica São Vicente um centro de referência no ensino e na pesquisa. Promovíamos congressos anuais com a presença de até 1.500 participantes, utilizando diversos salões do Hotel Sheraton. Para esses congressos eram convidados palestrantes de diversos Estados brasileiros, como de outros países. O reconhecimento da Utilidade Pública do Centro de Estudos Genival Londres foi sancionado em 10 de fevereiro de 1987.

Finalmente, houve um período em que tivemos internados três ex-presidentes da república.

PREMIAÇÕES

A principal premiação é, sem dúvida, o resultado dos questionários de nossas ouvidorias, tanto de pacientes, quanto de médicos e funcionários. O bem-estar daqueles que atendem nossos clientes é repassado nas ocasiões de atendimento. O reconhecimento da importância do médico, tanto na indicação do hospital para o paciente quanto o reconhecimento do paciente como um ser biopsicossocial, produz laços tanto agradáveis quanto terapêuticos.

VISÃO DE FUTURO

O futuro parece não contemplar um hospital com essas características: não faz parte de redes nem é propriedade de planos de saúde, com poucos leitos, não aceitando médicos que não cumpram integralmente o Código de Ética Médica. A Medicina atual está corrompida tendo se tornado um comércio. Os melhores hospitais de nossa cidade, os públicos, estão em estado falimentar; os beneficentes estão quase todos desativados. E cresce a rede de hospitais que têm o resultado financeiro como sendo o mais importante.

Porém, não vejo o futuro como uma mera continuação do que hoje acontece. Lembro-me de uma frase de Hegel, que diz: "Tudo volta ao que era, só que diferente". Começa-se a perceber certa conscientização geral dessas distorções tanto no mundo da Medicina quanto em quase todos os setores. E não são reações meramente emocionais ou com visão limitada com interesses específicos. É necessário que haja um caminho para a racionalidade, com noção clara dos objetivos a serem atingidos e, só assim, programar os caminhos.

Antevejo um futuro bem diferente do atual, onde a Medicina voltará a ser uma tarefa eminentemente ética, humanística e social.

HISTÓRIA DAS EMPRESAS

Donin Contabilidade
Ano de fundação: 1953

O COMEÇO

A Donin Contabilidade foi criada em 1953, na cidade do Rio de Janeiro (RJ), com a então empresa Organizações Contábeis Selex, cujo diretor era o ex-contador Tyrson Vello da extinta loja de departamentos Mesbla, que percebeu no mercado a necessidade de terceirização da contabilidade por empresas de pequeno e médio porte.

Ela iniciou muito pequena, apenas com o cliente número 1, e com o passar do tempo, pela sua experiência e dedicação, foi crescendo e se tornando uma empresa reconhecida no mercado do Rio de Janeiro como referência em serviços contábeis.

Cabe uma curiosidade: na década de 1950, foi adquirida uma máquina de escrever da marca Imperial, o que foi considerado uma "revolução" para a época. Ela está em exposição na empresa até hoje.

LINHA DO TEMPO

Em **1969**, o Sr. Tyrson ingressou como auditor fiscal da Receita Federal e viu a necessidade de transferir a empresa para um profissional que pudesse dar continuidade ao trabalho executado até aquele momento. O jovem funcionário Helio Donin, que já vinha se destacando no trabalho, foi convidado a dar continuidade, passando a ser o novo diretor e proprietário do negócio.

Rapidamente, a empresa cresceu mais e foi sucedida pela H.C. Donin Contabilidade, em **1975**, e operou com esse nome até **2012**, quando passou a se chamar Donin Contabilidade. Nesse intervalo, o diretor Helio Donin exerceu vários cargos na área contábil, como diretor e presidente de entidades como a Unipec e o Sescon/RJ – Sindicato das Empresas de Serviços Contábeis e, posteriormente, foi diretor da Fenacon – Federação Nacional das Empresas de Serviços Contábeis. Nesse intervalo, a Donin Contabilidade se consolidou nacionalmente como referência na prestação de serviços no setor.

A Donin também foi fundadora da RNC - Rede Nacional de Contabilidade, que proporcionou atendimento mais efetivo em todo o território nacional, se associando com mais 33 empresas contábeis de todo o país.

Na década de **1990**, inicia como diretor Helio Donin Jr., cuja trajetória também foi pautada por realizações e participação em funções de destaque na área. Foi vogal da Jucerja, vice-presidente da ACRJ, diretor da RNC e do Sescon/RJ, diretor da Fenacon, presidente do Conselho Fiscal da REDETEC, entre outros.

Nesses mais de 60 anos, a empresa não parou de crescer e acompanhou as alterações do mercado, procurando se modernizar e se reinventar incansavelmente, o que permitiu que se mantivesse no mercado. Os avanços tecnológicos foram constantes na empresa, tendo sido uma das primeiras do país a usar a microinformática (**1982**), desenvolvendo seus próprios softwares para o então novato Apple II Plus, que adquirimos por "módicos" US$ 12 mil.

Uma verdadeira revolução para o seu tempo, passando por Telex, fax, copiadora etc. Em **1980**, adquiriu sua sede própria no bairro de Copacabana, onde está instalada a sua matriz até hoje. Em **2012**, adquiriu uma empresa contábil menor, aumentando assim seu atendimento e, em **2014**, adquiriu mais uma empresa no Centro do Rio de Janeiro, que se tornou sua filial.

Pela RNC – Rede Nacional de Contabilidade, possui escritório em São Paulo, na sua também sede própria localizada na rua Augusta, centro financeiro da maior cidade do país. Em **2015**, a gestão e qualidade da Donin Contabilidade foi premiada pelo organismo norte-americano INUQ, elevando os padrões de atendimento a patamares internacionais. Atualmente, é reconhecida nacionalmente pela sua excelência no atendimento e atuação em todo o país.

Em **2016**, seu diretor Helio Donin Jr. participou como painelista no maior evento contábil do país, o Congresso Brasileiro de Contabilidade, expondo para um público de 8 mil pessoas.

DESAFIOS E RESULTADOS

Como toda empresa, os desafios são enormes. Se manter no mercado por mais de 60 anos é uma arte e grande orgulho para a empresa. Estar avaliando o mercado, suas necessidades e modernizações, são o grande segredo para continuar atuando com sucesso. Ética e respeito aos clientes são pilares fundamentais para esse sucesso. Trabalho árduo, sempre visando a satisfação do cliente e o crescimento sólido gradativo como premissas do desenvolvimento, são práticas diárias na empresa. Sempre se afastando do resultado fácil e pautada no cumprimento da legislação brasileira, a empresa sempre teve crescimento nas suas atividades.

Procuramos nos superar e superar as expectativas do cliente. Não nos preocupamos em crescer muito, mas sim com solidez e de forma contínua. Soluções mirabolantes e arriscadas não fazem parte do nosso trabalho, pois entendemos que dentro da legalidade e da segurança podemos utilizar os dispositivos legais a nosso favor e levar aos clientes soluções simples e com eficácia comprovada.

Nosso slogan diz muito do que pensamos: "Nossa modernidade tem história". Com mais de 60 anos de existência, conseguimos estar sempre na vanguarda das novas tecnologias.

CURIOSIDADES

Em mais de 60 anos, muitas curiosidades e histórias temos para contar. É possível que um livro não seja suficiente para contar todas. Mas algumas são bastante interessantes e curiosas.

Em 1986, tivemos o primeiro corte de zeros na moeda e nossos sistemas eram desenvolvidos internamente. Era uma grande novidade e não sabíamos como proceder. Na época, resolvemos desenvolver um aplicativo para dividir toda nossa base de dados por 1000. Viramos duas noites seguidas com programadores e conseguimos rapidamente acertar nossa base e os relatórios para continuarmos o nosso trabalho normalmente.

Outro fato curioso foi a aquisição do nosso primeiro HD, na década de 80, com capacidade de 20 Mb (não são 20 Gb). Nossa visão na época era que esse disco daria para a "vida toda" por ser absurdamente grande. E o tempo nos mostrou que a capacidade de armazenamento de informações seria uma progressão geométrica.

Um fato muito importante na nossa atividade foi a queda da inflação anual para menos de dois dígitos. Nossos relatórios eram altamente perecíveis, pois a inflação rapidamente tornava os números ultrapassados. Com a inflação baixa, os balancetes e balanços aumentaram exponencialmente de importância, pois podem ser usados por meses sem a perda do seu valor. Essa talvez seja uma das maiores revoluções na área contábil moderna no Brasil.

PREMIAÇÕES

Felizmente, possuímos vários prêmios na área contábil e de qualidade, seja da empresa ou de seus diretores. Destacamos a maior pelo INUQ – Intercontinental Union for Quality, organização internacional da Qualidade, sediada em Miami, que nos elevou ao padrão mundial de qualidade. Tal premiação nos tornou membros dessa organização, o que proporciona termos acessos a informações mundiais no quesito gestão e qualidade.

Mas a nossa principal premiação não está em certificados ou documentos. Nosso cliente mais antigo data de 1967, sem interrupção dos serviços. Esse é um reconhecimento imenso que muito nos orgulha. Trabalhar ininterruptamente por quase 50 anos é maravilhoso e nos traz grande sensação de dever cumprido e respeito ao cliente. Esse prêmio é o nosso maior patrimônio e faz da Donin Contabilidade uma referência em atendimento e confiabilidade.

VISÃO DE FUTURO

Conhecemos bem o futuro, pois o analisamos há mais de 60 anos. Saber o que será do futuro é uma arte. Precisamos sempre estar atentos ao mercado e observar suas modificações. Passamos por várias "revoluções" e hoje estamos na era da informação, o que tem muita sinergia com a nossa atividade, pois cuidamos de informação. Achamos que estamos em um momento muito promissor para a nossa atividade. É a era do nosso objeto de trabalho. Mas isso não pode nos colocar na zona de conforto. Precisamos estar sempre com a impaciência de observar o mercado e determinar o que ele tem de demanda. Esse é a nosso grande segredo. Não trabalhamos para nós mesmos, mas sim para a sociedade e dela vêm as necessidades que precisamos atender.

HISTÓRIA DAS EMPRESAS

Grupo DSRH®
Empresa de Recursos Humanos

Ano de fundação: 2002

O COMEÇO

A DSRH foi fundada no Rio de Janeiro em 2002 com o objetivo de trazer para o mercado uma Consultoria de Recursos Humanos que pudesse atender as empresas em todos os serviços de RH de forma personalizada, respeitando prazos e com atendimento diferenciado.

Sua fundadora, Teresa Fraga, oriunda do mercado de TI, com 25 anos de experiência, passou a influenciar os passos da consultoria com suas histórias de sucesso, trazendo uma estratégia de captação e mapeamento do mercado carioca, com serviços personalizados, voltados inteiramente para a necessidade de cada cliente, tornando o serviço prestado muito mais assertivo, diferenciais que garantem até hoje nomes exigentes na nossa lista de clientes.

A formação do grupo ocorreu em 2011. A DSRH se tornou Grupo DSRH® – Empresa de Recursos Humanos, segmentando as áreas em Unidades Empresariais: DSRH Holding, Varejo, Serviços Operacionais e Talentos, objetivando a melhoria no relacionamento com as empresas, que contam hoje com atendimento ainda mais exclusivo e personalizado.

A força do Grupo DSRH® está fundamentada também no talento e na competência de sua equipe de profissionais, que possuem ampla vivência nos serviços oferecidos para as empresas: Recrutamento & Seleção, Mão de Obra Temporária e Terceirizada, Treinamento Comportamental, Administração de Estagiário, Projetos Organizacionais, além de Apoio nos Processos Seletivos.

Com unidades próprias no Rio de Janeiro (RJ), São Paulo (SP) e Campo Grande (MS), o Grupo DSRH® atende presencialmente em todos os municípios brasileiros, com equipes regionais com sólido conhecimento da cultura e especificidades de cada região, além de atendimento em mais 13 países por meio de parceria com a FMA-Future Manager Alliance, rede internacional formada por especialistas em RH de todo o mundo, focada no recrutamento de estagiários, trainees, profissionais e executivos.

Nesses 14 anos, nos fortalecemos e somos reconhecidos no mercado nacional como uma das melhores Consultorias de RH pela competência, ética, transparência e qualidade nos nossos serviços, o que nos rendeu diversos prêmios, um deles internacional.

Grupo DSRH®, uma empresa que inova a cada dia!

LINHA DO TEMPO

2002	Em agosto de 2002, o Rio de Janeiro ganha uma nova consultoria, a DSRH, que inicia suas atividades com equipe de quatro pessoas atendendo as empresas de todos os segmentos em uma pequena sala no Centro do Rio de Janeiro.
2004	Pela necessidade de contratação de novos profissionais e um local mais adequado para o atendimento dos candidatos, em 2004 nos mudamos para um andar inteiro na avenida Rio Branco, área nobre no Centro do Rio de Janeiro.
2006	A fundadora da DSRH, Teresa Fraga, comprou a outra parte da sociedade, assumindo inteiramente a empresa. Nesse ano, incluímos em nosso portfólio o serviço de Mão de Obra Temporária e passamos a ocupar mais um andar no mesmo prédio. Em março, recebemos nosso primeiro prêmio, Melhor Consultoria de Administração de Estágio do Rio de Janeiro.
2009	Com o constante crescimento da empresa, passamos a ocupar três andares no mesmo prédio para acomodar as novas contratações, também criamos novas salas de dinâmica e de atendimento aos candidatos. Ainda em 2009, recebemos mais um prêmio e inauguramos a regional São Paulo, para fortalecer ainda mais o relacionamento com nossos parceiros.
2011	Ano da criação do Grupo DSRH® – Empresa de Recursos Humanos. Segmentamos nossas áreas em Unidades Empresariais: DSRH Holding, Varejo, Serviços Operacionais e Talentos, com o objetivo de melhorar ainda mais o relacionamento com os nossos Clientes. Também adquirimos uma nova empresa, o Instituto Interagir, que se integrou ao Grupo DSRH® para desenvolver os serviços de Administração de Estagiários, Treinamentos Comportamentais e Projetos Organizacionais. Ainda nesse ano recebemos nosso primeiro prêmio internacional, LATIN AMERICAN QUALITY AWARDS.

2012	Com os prêmios recebidos e o fortalecimento das equipes especializadas em cada segmento, o Grupo DSRH® passou a ser reconhecido nacionalmente; com o aumento da demanda, aumentamos o nosso espaço físico em mais um andar.
2013	Em junho, inauguramos nossa terceira regional em Campo Grande (MS), que passou a garantir aos nossos clientes atendimento presencial em toda região Centro-Oeste e Norte. Também foi o ano que recebemos mais um prêmio, concedido pelo resultado dos trabalhos desenvolvidos pela nossa equipe em Ações Sociais.
2014	Nesse ano, ampliamos as nossas regionais São Paulo (SP) e Campo Grande (MS), tanto em espaço físico quanto em território de atendimento, por meio de joint venture com consultorias da região. Com essa expansão, passamos a atender todos os municípios brasileiros de maneira presencial e com base local. Em novembro, ganhamos mais um prêmio pelo reconhecimento do nosso trabalho.
2016	Em janeiro, o Grupo DSRH® se tornou responsável pelo mercado brasileiro da FMA - Future Manager Alliance. Com essa aliança, além de atender as organizações em todo o Brasil, também passamos a atender toda a América do Sul, Europa e Oriente Médio. Com a nova divisão internacional, precisávamos expandir o nosso espaço físico e, em agosto, mês que completamos 14 anos, inauguramos nossa nova sede no Rio de Janeiro.

DESAFIOS E RESULTADOS

O primeiro desafio foi em 2006, com a compra da outra parte da sociedade pela fundadora do Grupo DSRH®, Teresa Fraga. Nessa época, a empresa ainda estava fortalecendo o seu nome, por isso a divulgação para o mercado teve que ser feita com muita cautela, dando garantia aos clientes de que a mudança traria benefícios, especialmente porque toda a equipe seria mantida, garantindo a qualidade no atendimento que as empresas sempre tiveram nos últimos anos. O resultado foi surpreendente, pois além de não perdemos nenhum cliente, fortalecemos a equipe e o crescimento da empresa foi visível.

O segundo maior desafio foi conseguir atender, em um país como o Brasil, com território tão extenso e multicultural, 100% dos municípios de forma presencial, garantindo aos nossos clientes e candidatos atendimento personalizado onde quer que estejam.

CURIOSIDADES

O ponto alto do Grupo DSRH® é o atendimento, tanto aos candidatos quanto aos clientes, e as pesquisas realizadas pela nossa área de qualidade comprovam que os investimentos contínuos nessa área trazem resultados positivos.

Segundo as pesquisas, mais de 70% dos nossos candidatos depois que são contratados retornam à empresa, enviam mensagens ou ligam para agradecer às consultoras pela forma que foram tratados e pelo respeito e atenção que receberam.

Nosso índice de reposição de candidatos é de menos 1% e isso é consequência da comunicação perfeita entre as áreas internas, especialmente a área de RH, junto aos clientes, comprovando que fazer bem feito, da primeira vez, vale a pena.

PREMIAÇÕES

Em 14 anos o Grupo DSRH® recebeu cinco prêmios e todos foram dedicados à competência, ao comprometimento, ao profissionalismo e à ética de nossa equipe.

2014 - TROFÉU TOP BRASIL QUALITY GOLD
Cerimônia realizada no Amcham Business Center em São Paulo.

2013 - TROFÉU INSPIRAÇÃO DO AMANHÃ
Evento realizado no Solar de Botafogo, Zona Sul do Rio de Janeiro.

2011 - LATIN AMERICAN QUALITY AWARDS
O prêmio foi entregue no Centro de Convenções da Universidade Católica Argentina, Buenos Aires.

2009 - TROFÉU TOP OF BUSINESS
O Grupo DSRH® recebeu o prêmio no Hotel Mofarrej, em São Paulo, na categoria Qualidade em Prestação de Serviços na Área de Recursos Humanos.

2006 - MELHOR EMPRESA DE ADM DE ESTAGIÁRIO
A homenagem com a entrega do título "Mérito Educação & Trabalho ESCM" ocorreu no salão nobre da Escola Superior Cândido Mendes – ESCM, no Centro do Rio de Janeiro.

HISTÓRIA DAS EMPRESAS

Teresa Fraga - *Presidente do Grupo DSRH®, em três de suas premiações*

VISÃO DE FUTURO

Quando definimos a nossa diretriz para o futuro do Grupo DSRH®, criamos nossa Missão, Visão, Objetivo e Valores, que são o nosso norte para alcançar o que planejamos.

Nossos compromissos:

MISSÃO - Prestar serviços de qualidade de forma assertiva e dinâmica, superando as expectativas, tendo como foco principal a satisfação dos clientes e candidatos.

VISÃO - Ser reconhecida internacionalmente como uma empresa provedora de soluções em recursos humanos.

OBJETIVO - Colocar à disposição do mercado nossa experiência profissional e conhecimentos adquiridos e aperfeiçoados continuamente, no desenvolvimento e administração das atividades inerentes a Recursos Humanos.

VALORES - Ética, Respeito, Seriedade, Transparência, Comprometimento, Profissionalismo e Confiabilidade.

HISTÓRIA DAS EMPRESAS

Guelli Comércio e Indústria de Alimentação Ltda.

Ano de fundação: 1993

O COMEÇO

A Guelli foi fundada no ano de 1993, na cidade do Rio de Janeiro (RJ), pela nutricionista Sueli Monteiro Gentil. Movida pela paixão à profissão e aos seus colaboradores, quando a vida lhe propiciou uma oportunidade para avançar, o medo foi superado pela certeza que seu trabalho seria entregue de maneira excelente.

A empresa de alimentação privada em que Sueli trabalhava como funcionária havia falido. Ela e sua equipe de 100 colaboradores ficaram trabalhando sem registro durante três meses. Todos tinham muita confiança nela: os colaboradores, o diretor do hospital, os fornecedores, fruto do seu trabalho durante 16 anos.

Nessa época, ela trabalhou mais do que nunca, realizava todas as funções da empresa: contas a pagar, contas a receber, departamento pessoal, recursos humanos, compras e, até mesmo, ir em busca do secretário de saúde receber as verbas devidas para pagar fornecedores e colaboradores. Era seu nome que estava em jogo e isso sempre foi muito importante.

Assim, com muito trabalho, honestidade e a ajuda de alguns amigos a Guelli foi fundada.

LINHA DO TEMPO

1993	Fundação.
1995	Grave crise econômica e apoio de grande empresário do ramo.
2005	Troca do quadro societário.
2015 a 2016	Superação diante da crise financeira e política do Brasil.

DESAFIOS E RESULTADOS

1995 – Grave crise econômica e apoio de grande empresário do ramo.

Por falta de pagamento do Estado, a empresa andava sobre grande ameaça de falência, mas como deixar morrer um filho?

O principal desafio foi bater à porta de um desconhecido, líder do mercado, e pedir ajuda financeira. O empresário ouviu atentamente toda a história e prontamente atendeu ao pedido. Talvez por identificação, ambos vinham de famílias pobres e eram incansáveis trabalhadores.

2005 – Troca do quadro societário.

Devido a divergências administrativas, a primeira sociedade precisou ser desfeita, o que abriu 30% das cotas a novos investidores.

Toda separação é um grande desafio, mesmo quando sabemos que será para melhor. Sair do conhecido para o desconhecido, mas sempre crendo que o melhor sempre viria. A adaptação aos novos sócios, ao perfil de trabalho de cada um, só aconteceu para somar e desenvolver a empresa.

2015 a 2016 – Superação diante da crise financeira e política do Brasil.

Perdemos, em 2016, um grande contrato com uma Prefeitura para a qual fornecíamos merenda escolar, pois eles não tinham condições de arcar com as despesas.

Foi um grande e triste desafio, tivemos que desligar mais ou menos 200 colaboradores e, além do mais, saber da incerteza da alimentação de tantas crianças, algumas delas que só podiam contar com a alimentação que a Guelli fornecia.

Estamos passando novamente por grave crise no país, com atrasos no pagamento das faturas, alto custo de matéria prima, mão de obra desqualificada e despreparada, entre outros problemas; porém, hoje, a empresa está sólida e se preparou para enfrentar os "tempos de neve". É preciso ter essa consciência em não gastar tudo que se ganha.

PREMIAÇÕES

PRÊMIO PARCERIA EFICIENTE 2008 – Por desenvolver ações de parcerias com a Secretaria Municipal do Rio de Janeiro da Pessoa com Deficiência.
PRÊMIO TOP OF BUSINESS 2010
PRÊMIO TOP OF QUALITY GOLD INTERNACIONAL e **EMPRESÁRIO DO ANO 2011 E 2013.**

VISÃO DE FUTURO

Principalmente, manter o porte e a honra que o nome da empresa construiu nesses 23 anos de mercado.

Estamos em uma época em que milhões de empresas fecharam suas portas, em que há muitos escândalos de corrupção, portanto manter-se em equilíbrio já é uma grande conquista.

Criar estratégias competitivas, estar por dentro de inovações que facilitem o processo da produção, capacitar colaboradores constantemente, atitudes variadas que nos possibilitem manter o negócio, manter a qualidade e o custo para nossos clientes atuais e futuros.

Guelli

HISTÓRIA DAS EMPRESAS

Mega Sistemas Corporativos S.A.

Ano de fundação: 1985

O COMEÇO

A MEGA Sistemas Corporativos foi fundada em 1985, no interior de São Paulo, mais precisamente em Itu, por dois ainda estudantes, Walmir Scaravelli e Paulo Bittencourt.

Embora sem qualquer experiência empresarial ou mesmo exemplo prático dentro da família, os dois amigos entenderam que a microinformática, que despontava no país, poderia ser uma bela oportunidade de negócio para recém-formados.

O desejo de possuir um negócio próprio já era latente e, assim, ambos resolveram arriscar sua veia empreendedora em vez de buscar emprego em empresas já estabelecidas, mesmo porque em 1985, logo após a abertura de mercado, a indústria de informática no país ainda era incipiente.

A empresa rapidamente conseguiu se destacar da grande maioria dos concorrentes nas décadas de 80 a 90, fundamentalmente por ter escolhido uma linguagem de desenvolvimento chamada Pascal, tecnologia muito à frente das demais, no mesmo período enquanto a grande maioria das empresas utilizava as linguagens Cobol, Basic e dBase.

A Pascal, embora fosse uma linguagem menos conhecida, era extremamente poderosa por permitir o desenvolvimento de programas claramente superiores aos desenvolvidos em outras linguagens mais populares.

Devido à poderosa ferramenta usada, a empresa ainda recém-criada foi provavelmente a primeira no Brasil a lançar seu Sistema com Gerador de Relatórios e Interpretador de Fórmulas, características comuns nos produtos atuais, porém inexistentes no Brasil em 1985. Com um produto inovador, a empresa rapidamente passou da operação local para o mercado nacional e, em poucos anos, seus produtos foram várias vezes premiados pelas mídias existentes na época.

Acima, em 1985, escritório com 80 m²; ao lado, em 1990, a primeira sede própria com 150 m² e, abaixo, em 1999, nova sede com 400 m²

LINHA DO TEMPO

1985	Fundação da empresa, com dois sócios e um único colaborador instalados em um escritório de 80 metros quadrados.
1987	Criação dos primeiros canais de vendas em Campinas e Sorocaba.
1989	Ampliação de canais de vendas fora do Estado de São Paulo, nas regiões Sul e Nordeste do país.
1990	Construção de sede própria com 150 metros quadrados e equipe de 10 colaboradores.
1992	Lançamento da versão de Sistema Integrado de Gestão em redes.
1994	Prêmio Editor's Choice da revista PC Magazine – Melhor Programa Contábil do Brasil.
1995	Conquista do 1000° cliente, equipe de 30 colaboradores e início do desenvolvimento da versão Windows.
1997	Lançamento da versão Windows. A operação se divide em duas sedes, administrativa comercial e de desenvolvimento e suporte.
1999	Mudança de sede para área de 400 metros quadrados. Início do desenvolvimento da nova geração de produtos em *client/server*.
2000	Lançamento da versão *client/server* e conquista dos primeiros clientes de grande porte. Nesse momento a empresa também iniciou um processo de verticalização dos produtos, desenvolvendo módulos por segmento de mercado, ação que se mostrou acertada e mudou o rumo da empresa nos anos seguintes.
2001	Início do Projeto Mega Cidadão, ação social com *rally* beneficente que arrecadou em 10 anos mais de 30 toneladas de alimentos e foi considerado o maior *rally* solidário do país, reunindo colaboradores, canais, clientes e fornecedores.
2002	Primeira empresa da América Latina a obter a certificação ABOVE, cedida pelo consórcio Oracle-Intel para produtos que excediam o padrão de qualidade dentro da plataforma dessas companhias.
2004	Entrada de um novo diretor executivo que, pouco tempo depois, assumiu participação na operação e trouxe mudanças significativas nas operações de serviços e suporte.
2006	Aquisição das operações do interior do Estado de São Paulo, passando a vender seus produtos diretamente nessas cidades.

2008	Com o apoio da Softex, foi uma das primeiras produtoras nacionais de ERP a obter a Certificação MPS-Br para toda a linha de desenvolvimento de produtos.
2010	Aquisição da operação Rio de Janeiro que se torna a primeira filial da empresa. Criação de nova operação exclusiva para a implantação de Sistemas em Construtoras e Incorporadoras, inicialmente com 10 consultores e, depois de quatro anos, atinge o número de 100 consultores.
2012	Mudança de sede para nova área de 6 mil metros quadrados, com mais de 3 mil metros quadrados de área construída.
2013	Reconhecida pelo quarto ano consecutivo pela GPTW entre as 100 Melhores Empresas de Tecnologia para se trabalhar no Brasil. Também reconhecida pela Exame e Delloite pelo terceiro ano consecutivo entre as empresas que mais crescem no Brasil. Criação da Trinus, nova operação dedicada exclusivamente à consultoria de processos.
2014	Transformação em S.A. e fusão com seu principal parceiro de desenvolvimento e agente responsável por todo o Sul do país, criando a segunda filial em Curitiba (PR). Aquisição de participação na operação de Belo Horizonte e criação da terceira filial, a Mega Minas. Também adquire participação na operação de Implantação de Manufatura, criando um novo grupo de 50 consultores especialmente capacitados para implementação em indústrias. Com a fusão e aquisição das operações em todo o Sul e Sudeste, passa a figurar entre as cinco maiores produtoras nacionais de ERP.
2015	Início do Projeto Mondo, que reestrutura os processos de desenvolvimento da empresa preparando-a para um novo ciclo de crescimento. Aquisição de participação nas operações de Natal e Recife, criando sua quarta filial, a Mega Nordeste, com o grupo passando a ter mais de 600 colaboradores.

DESAFIOS E RESULTADOS

Os principais desafios que a empresa teve desde sua fundação sempre estiveram atrelados às constantes mudanças políticas, econômicas, trabalhistas e fiscais do país, o que, por um lado, gerou grande dispersão de energia para manter os produtos sempre adequados à legislação e, por outro, teve grande volume desse trabalho recompensado, permitindo que nossos produtos fossem mais dinâmicos, maleáveis e, portanto, mais adaptados à realidade brasileira que os seus concorrentes internacionais.

Outros desafios constantes estão ligados à política trabalhista nacional, inadequada para equipes de mais alto nível e de uma geração atual que exige mais liberdade no trabalho. As políticas trabalhistas atuais não permitem, como no exterior, um alto grau de flexibilidade de horário e negociações de remuneração sem expor as organizações a riscos trabalhistas. Isso faz com que tenhamos que conviver com grande adaptação com os colaboradores e, ao mesmo tempo, nos adequarmos a padrões trabalhistas desenvolvidos há mais de 50 anos.

A busca de profissionais capacitados também é um grande desafio. O nível dos profissionais disponíveis no mercado costuma ser muito baixo, são poucas as instituições capazes de disponibilizar profissionais realmente prontos para o mercado e os poucos disponibilizados a cada ano com condições mínimas são muito disputados pelas empresas. Um bom programa nacional de educação deve levar ainda muito tempo para frutificar no país e, enquanto isso, as empresas precisam desenvolver de forma criativa processos de capacitação para diminuir o hiato entre as suas necessidades e o ofertado pelas instituições.

CURIOSIDADES

A Mega Sistemas Corporativos é uma empresa que, embora tenha crescido, ainda mantém estilo de empresa familiar, provavelmente por ter crescido no interior ou mesmo como herança dos fundadores, que sempre respeitaram muito as relações com colaboradores, clientes e parceiros. Hoje, é reconhecida pelos seus clientes como uma empresa que possui tratamento diferenciado em todos os níveis nos quais se relaciona. Exemplo disso é que possuímos muitos colaboradores com mais de 20 anos de casa e alguns dos canais de atendimento da empresa possuem relação de verdadeira amizade com diretores, gerentes e demais colaboradores. Quem convive dentro da empresa rapidamente percebe esse ambiente.

Outro exemplo do cotidiano da empresa são ações desenvolvidas com seus clientes, como em algumas vendas recentes, em que as empresas desenvolveram ações conjuntas envolvendo os colaboradores e o cliente no dia do fechamento do contrato.

Fechamento recente feito com uma distribuidora de máquinas de café teve, no dia do fechamento, suas máquinas instaladas dentro da empresa oferecendo café, de forma diferente e marcante, para todos os colaboradores.

Em outra ocasião, no dia do fechamento do negócio com uma distribuidora de flores, um representante chegou antes das equipes internas e colocou rosas em cada uma das estações de trabalho dos nossos colaboradores.

Uma distribuidora de vinhos montou estrutura com seu *sommelier* para que em certo evento com nossos canais oferecêssemos uma degustação dos seus principais vinhos.

É muito comum criarmos ações que liguem nossos colaboradores aos nossos clientes.

Para apoiar toda essa sistemática contamos com um departamento de eventos dentro da empresa que cuida não apenas de feiras, exposições e eventos internos, mas também produz encontros com nossos clientes, jantares comemorativos quando completamos um projeto ou atingimos a marca de 10 anos com determinado cliente. Já chegamos a organizar *rallies* e corridas de *kart* envolvendo colaboradores, clientes e canais. Tudo isso cria um clima realmente diferente e, mesmo em um relacionamento extremamente profissional, gera maior "pessoalidade" como costumamos chamar.

Isso nos torna empresa única, que respeita as relações profissionais e coloca um tempero a mais na relação, aproximando as pessoas, trocando experiências e, principalmente, facilitando todas as relações. Em nossa visão, essa aproximação modifica muito o dia a dia e afasta a ideia de que a relação empresa, colaborador, cliente e canal deve ser exclusivamente focada em negócio, tornando a relação mais pessoal e colaborativa.

PREMIAÇÕES

Editor's Choice – PC Magazine como melhor Software Contábil do Brasil em 1994.

Certificação ABOVE (Oracle + Intel) para produtos que rodam de maneira exemplar em suas tecnologias.

MPS-Br – Certificação de Desenvolvimento de Sistemas.

Great Place to Work – Por quatro anos consecutivos no segmento de Tecnologia.

Médias Empresas que mais crescem – Pela Delloite e revista Exame.

VISÃO DE FUTURO

A Mega Sistemas Corporativos sempre se destacou como visionária por seus produtos realmente inovadores dentro dos segmentos onde se especializou. Também reconhecemos que o mercado brasileiro está cada vez mais maduro e menos tolerante a falhas, de modo que a nossa visão como empreendedores é estar preparados para atender clientes cada vez mais exigentes e com produtos que excedam sempre suas expectativas.

Não queremos ser a maior do segmento, mas sim lembrados e considerados como a empresa que possui produtos e serviços diferenciados e especialistas nos segmentos onde atuamos. Queremos oferecer muito mais que um sistema de gestão, na verdade nos propomos a entregar aos nossos clientes ferramentas que os auxiliem a crescer de forma consistente.

Não tenho dúvida que mesmo com as dificuldades às quais estão expostas as empresas brasileiras, elas estão em um caminho sem volta de forte crescimento que, sem ferramentas de gestão, não é consistente. Assim, nos empenhamos em ofertar produtos e serviços realmente diferenciados.

Com bons produtos e clientes satisfeitos, logicamente teremos condições de continuar crescendo e fortalecendo também nossos colaboradores e nossa rede de parceiros em um ciclo virtuoso. Dentro desse ciclo, continuaremos fomentando nossos projetos sociais, pois entendemos que se a roda gira azeitada, devemos de alguma forma devolver à sociedade aquilo que ela nos proporcionou.

HISTÓRIA DAS EMPRESAS

rede do sabor

CULINÁRIA EMPRESARIAL

Rede do Sabor Culinária Empresarial Ltda.

Ano de fundação: 2008

O COMEÇO

Depois de passar 18 anos da minha vida profissional administrando empresas prestadoras de serviços de alimentação (cozinha industrial) em nível regional e nacional, tomei a decisão pessoal, em janeiro de 2008, de constituir a minha própria organização, com o nome de Rede do Sabor Culinária Empresarial Ltda.

Abracei o desafio imposto por mim, tendo o apoio da minha família e contando com as graças infinitas e abundantes de Deus. O começo, como tudo na vida, é sempre muito difícil e pela primeira vez na carreira eu me via batendo o escanteio, correndo para cabecear e fazer o gol. Precisava, guardadas as devidas proporções, ser um faz tudo de forma inteligente e emocional na construção do meu negócio.

Nessa trajetória de sete anos tem muita transpiração, perseverança, satisfação, gratidão e realização. Administramos hoje uma empresa devidamente estruturada com departamentos de Recursos Humanos, Comercial, Financeiro, Operacional, Compras, Qualidade, Patrimônio e Multisserviços, produzindo e distribuindo mais de 100 mil refeições por mês, com quadro de pessoal acima de 100 colaboradores.

LINHA DO TEMPO

Inauguramos o nosso primeiro cliente ainda em 2008. Prezamos pelas nossas operações dentro das normas que regulamentam as atividades de cozinha industrial, continuamos elevando os índices mínimos de satisfação para acima de 80% com os serviços prestados, medimos a satisfação dos comensais a cada quatro meses, comemoramos os aniversariantes do mês em nossos clientes, celebramos anualmente os contratos em vigor, promovemos campanhas temáticas e educativas sobre alimentação, presenteamos nossos interlocutores, praticamos cardápios diferenciados e preparações típicas sazonais, temos equipe formada por supervisores, gerentes, nutricionistas, chefes de cozinha, cozinheiros, ajudantes de cozinha, copeiras, estoquistas e ajudantes de serviços gerais atuando em mais de 24 restaurantes institucionais (empresas clientes dos mais variados e diversos segmentos da produção e serviços).

DESAFIOS E RESULTADOS

O primeiro grande desafio foi mudar da condição profissional de empregado para a de empregador. O segundo, foi conquistar o primeiro cliente sem ter uma referência. O terceiro, estar comercialmente presente nos principais municípios e bairros do Rio de Janeiro e da Grande Rio, onde se concentram o maior número de empresas tomadoras de serviços de alimentação.

O quarto desafio foram os recursos materiais, humanos e financeiros limitados para iniciar a Rede do Sabor. O quinto, a conquista efetiva do primeiro cliente e a sua manutenção em nossa carteira.

Nosso portfólio hoje é composto por mais de 24 empresas clientes, distribuídos nas principais praças da cidade do Rio de Janeiro, da Grande Rio, Baixada Fluminense, Região Serrana, dos Lagos e Niterói.

Agregamos em 2015 mais uma oportunidade de negócio às nossas atividades comerciais, nos voltamos também para as áreas de limpeza, conservação e higienização de condomínios residenciais e comerciais, indústrias, clubes, escolas, clínicas, hospitais, creches, shoppings centers etc.; e atendemos a outras demandas de mão de obra necessárias às empresas através da RDS Multisserviços Soluções Empresariais.

Rede do Sabor

CURIOSIDADES

O P.A.T. - Programa de Alimentação do Trabalhador, o C.R.N. - Conselho Regional de Nutrição e a Vigilância Sanitária são órgãos competentes que regem legalmente nossas atividades. Ferramentas aplicadas ao controle de saúde e segurança alimentar são indispensáveis às nossas preparações, bem como o Manual de Boas Práticas é obrigatório em todos os nossos restaurantes. Diariamente, coletamos amostras de cada item do cardápio que ficam armazenadas e congeladas por 72 horas. Esse procedimento de segurança tem como finalidade, no caso de algum desconforto alimentar por parte de um de nossos comensais, promover análises laboratoriais para identificar se o ocorrido se deu ou não pelo alimento consumido. Somos também reconhecidos por assegurar expressivos índices de satisfação com os serviços prestados, por elaborar cardápios criativos e inovadores, praticar preços justos e atraentes, desenvolver campanhas temáticas e educativas, projetos que transformam os refeitórios em restaurantes arejados, com ambientação própria e decorados, além dos clientes terem um canal direto com a diretoria executiva da empresa. Não apenas uma curiosidade, mas nosso orgulho, o primeiro cliente da Rede do Sabor continua presente em nosso portfólio.

PREMIAÇÕES

Frequentemente somos convidados a participar de feiras sobre gêneros alimentícios, de seminários sobre saúde e segurança alimentar, de eventos promovidos pela FIRJAN, de palestras sobre fornecimento de refeições industriais, bem como fomos premiados pelas instituições promotoras dos mesmos.

Procuramos investir em projetos sociais que proporcionem dignidade humana e ofereçam oportunidades de reintegração à sociedade do ser humano desassistido. Desejamos que o nosso semelhante tenha uma condição de vida mais esperançosa. Nesse sentido, temos como premissa nas relações humanas internas poder sempre, de forma responsável, aprimorar benefícios e oferecer convênios diversos aos nossos colaboradores.

VISÃO DE FUTURO

O mercado de alimentação, seja ele institucional ou comercial, é muito promissor até mesmo por conta das nossas necessidades humanas e fisiológicas. Os desvios de clareza de gestão governamental impactam negativamente na administração das empresas, o que reflete diretamente nos negócios diminuindo produções, reduzindo funcionários e margens operacionais. Por contingências do mercado em que atuamos, procuramos administrar colocando a mão aonde alcançamos. O empreendedor em fase de crescimento não pode se permitir errar. A gestão pública fragiliza a confiança e coloca em dúvida o investimento necessário. As empresas de um modo geral, continuam fazendo o exercício de se ajustarem às condições mercadológicas que norteiam seus negócios, bem como permanecem buscando a perenidade e a estabilidade de suas produções e serviços com iniciativas, ações e atitudes de relevada competência, sendo inovadoras e criativas.

HISTÓRIA DAS EMPRESAS

Silhueta Infantil

Ano de fundação: 1955

O interior de uma das lojas da rede Silhueta – do bebê ao adolescente, uma variedade de produtos

O COMEÇO

Tradicional e longeva rede de moda infanto-juvenil, a Silhueta Infantil é um exemplo de empresa familiar bem-sucedida. Fundada em julho de 1955 por Aldo Gonçalves (pai do atual presidente, de mesmo nome), sua trajetória, que mistura amor e trabalho, teve início bem antes. Em 1933, Aldo Gonçalves foi trabalhar em uma confecção de roupas infantis, a Malheiros & Cia. na rua da Carioca, onde conheceu Leocádia, com quem se casou em 1940. Cinco anos depois, o casal abria a sua própria confecção, a Confecção Carioca de Roupas Infantis.

Depois decidiram migrar o negócio para o comércio e, em julho de 1955, o casal abriu a primeira loja de varejo da Silhueta Infantil na rua Dias da Cruz, no bairro do Méier, Zona Norte do Rio de Janeiro, em sociedade com Francisco Augusto Vilela. No início, além de roupas e acessórios, a loja vendia móveis e brinquedos. Não à toa, seu primeiro slogan, por muito tempo, foi "Tudo para a criança num só lugar".

Hoje, oferecendo exclusivamente roupas e acessórios de diferentes marcas para o público infanto-juvenil, a rede Silhueta Infantil, presidida pelo empresário Aldo Carlos de Moura Gonçalves, é formada por nove lojas, sendo duas no Méier e as outras nos bairros cariocas da Tijuca, Bonsucesso, Campo Grande, Bangu, Jacarepaguá e nos municípios de São Gonçalo (em Alcântara) e Duque de Caxias (no Centro).

A Rede Silhueta também investe no comércio eletrônico por meio de um site moderno que inclui, além da apresentação dos produtos, muita informação sobre o universo infanto-juvenil – www.silhueta.com.br, e está presente nas redes sociais.

Em destaque, o atual presidente da Silhueta Infantil, o então jovem Aldo Gonçalves, acompanha a cerimônia de inauguração da primeira loja da rede, no Méier

LINHA DO TEMPO

1955 julho	Inaugurada a primeira loja Silhueta Infantil, no Méier (R. Dias da Cruz, 51).
1960 maio	Inaugurada a loja de Madureira (R. Maria Freitas, 103-A).
1962 setembro	Inaugurada a loja da Tijuca (R. General Roca, 615-A).
1964 março	Expansão da primeira loja do Méier.
1978 setembro	Inaugurada segunda loja do Méier (R. Arquias Cordeiro, 324/ lj 102-103).
1980 fevereiro	Falece o fundador Aldo Gonçalves e seu filho assume a direção da empresa.
1981 outubro	Inaugurada a loja do BarraShopping.
1983 outubro	Inaugurada a loja de Campo Grande (R. Coronel Agostinho, 63-A).
1985 dezembro	Inaugurada a loja de Bonsucesso (R. Cardoso de Morais, 19 e 21).
1986 outubro	Inaugurada a loja do Plaza Shopping, em Niterói.
1992 outubro	Fechada a loja do Plaza Shopping.
1986 outubro	Fechada a loja do BarraShopping.
1986 junho	Reestruturação da rede de lojas.
1993 outubro	Fechada a loja de Madureira.
1998 setembro	Inaugurada a loja de Bangu (Av. Cônego de Vasconcelos, 168-A).
2001 setembro	Inaugurada a loja de Alcântara (R. Dr. Alfredo Backer, 732).
2005 julho	50 anos da Silhueta Infantil.
2006 abril	Inaugurada a loja de Duque de Caxias (Av. Nilo Peçanha, 129, Centro).
2011 maio	Inaugurada a loja de Jacarepaguá (Estr. de Jacarepaguá, 7912-A, Freguesia).
2013 setembro	Mudança de endereço da loja de Campo Grande (R. Augusto de Vasconcelos, 163-A).
2015 março	Falecimento do segundo fundador da empresa Francisco Augusto Vilela.

DESAFIOS E RESULTADOS

Ao longo de seus 61 anos de existência, completados em 2016, a Silhueta Infantil venceu vários desafios, devido às transformações sociais e econômicas ocorridas no Brasil e no mundo. Na superação dos problemas advindos de crises políticas e econômicas que o País atravessou e volta a atravessar, a Silhueta Infantil tem pautado sua atuação sempre por um profundo respeito ao mercado.

Reconhecendo o dinamismo do mercado, a Silhueta Infantil está sempre atenta à sua evolução, buscando se adaptar às novas situações e aprimorando permanentemente o seu relacionamento com fabricantes, fornecedores e consumidores. Ter a visão e a coragem de mudar quando a realidade assim exige, implementando novas soluções à medida em que o segmento evolui e o perfil e o comportamento do consumidor se modificam, norteiam a administração da rede.

Os investimentos são feitos sempre com recursos próprios, evitando-se qualquer tipo de endividamento bancário, o que proporciona à rede um desenvolvimento sólido, alicerçado em bases firmes, transparentes e com respeito aos parceiros, fornecedores, colaboradores e toda a clientela.

Essa filosofia de trabalho traduz-se em um dos fatos mais marcantes da história da Silhueta: a profunda reformulação da empresa, realizada na década de 90, em função das crises geradas pelos sucessivos planos econômicos do governo. Essa mudança consistiu no fechamento de filiais deficitárias, remanejamento de pessoal, mudança de procedimentos operacionais e simplificação da estrutura organizacional. A partir daí, com o novo modelo de gestão, consolidou-se uma nova mentalidade administrativa, que permitiu a continuidade e o crescimento da empresa.

CURIOSIDADES

Com ideias inovadoras, a Silhueta Infantil sempre apostou em qualidade e criatividade para conquistar seus clientes e, assim, seu lugar em um mercado altamente competitivo.

Nas décadas de 1960 e 70, algumas iniciativas ganharam grande notoriedade, como os desfiles de moda infanto-juvenil promovidos em clubes e colégios; as sessões de cinema, peças teatrais e outros eventos, com ar-

No auditório lotado da loja de Madureira, crianças se divertiam com filmes, peças e outras atrações

tistas renomados da época, voltados ao público infantil realizados no auditório da loja de Madureira; os sorteios de brindes; a decoração luxuosa de fachadas e vitrines no Natal e no carnaval; e a famosa promoção "Quebra--Preços", todo mês de agosto, que atraía multidão às lojas.

Hoje, algumas ações continuam a encantar os clientes da Silhueta Infantil, como as brincadeiras com atores caracterizados como personagens de desenhos animados do momento, a distribuição de brindes e a barraquinha de pipocas na Semana das Crianças, além da distribuição de rosas no Dia das Mães.

Os slogans criados para divulgar os produtos da Silhueta também ficaram famosos, como o primeiro: "Tudo para a criança num só lugar"; e outros: "Olho no preço"; "Bom, bonito e barato"; "De tudo para seus filhos"; "O carinho que seus filhos merecem"; "Qualidade maior. Preço sempre menor"; "Trocamos com o mesmo carinho com que vendemos", e o atual "Faça sua criança feliz. Aqui é fácil!"

VISÃO DE FUTURO

Seguindo a filosofia da empresa, de preservar valores como entusiasmo, otimismo, esperança, confiança no futuro e união, a Silhueta Infantil chegou aos 61 anos prestigiando seu maior patrimônio: seu quadro de colaboradores que reúne, atualmente, cerca de 80 profissionais. Nesse sentido, basta registrar que, dentre esses colaboradores, dois deles estão na casa há 53 anos, praticamente desde a fundação da marca, e um quarto dos funcionários tem mais de 25 anos na empresa.

Para continuar crescendo, além de valorizar a tradição e a experiência dos seus "veteranos", a Silhueta procura estimular a inovação e o serviço de qualidade, buscando atrair para o seu quadro pessoas jovens identificadas com os valores da empresa e investindo em treinamento constante. E segue apostando na construção de relações fortes com fabricantes, fornecedores e consumidores.

A Silhueta mantém a mente jovem, aberta, pronta a receber, desenvolver e realizar novas ideias, com pés no chão e olhos no futuro.

HISTÓRIA DAS EMPRESAS

Sindicato dos Lojistas do Comércio do Município do Rio de Janeiro – SindilojasRio

Ano de fundação: 1932

Moeda comemorativa dos 80 anos do SindilojasRio, completados em 2012

O COMEÇO

Marco da história sindical do país, o Sindicato dos Lojistas do Comércio do Município do Rio de Janeiro - SindilojasRio é uma das mais antigas entidades representativas do país. Primeiro sindicato patronal do comércio, conforme inscrição no livro de registro do Ministério do Trabalho e Emprego, o SindilojasRio foi fundado em 6 de dezembro de 1932 por um grupo de empreendedores, idealistas que buscavam organizar e fortalecer o comércio lojista. Prestes a comemorar 84 anos de existência, a entidade nunca se afastou desse objetivo primordial.

A inclusão do sindicato em um livro sobre empresas pode parecer estranha à primeira vista. No entanto, observando o seu pioneirismo, talvez a mais marcante de suas características, o SindilojasRio pode e deve ser considerado como uma empresa. Nesse sentido, o próprio conceito de sindicato-empresa foi uma inovação introduzida pelo SindilojasRio no universo sindical. Sua estrutura organizacional e sua gestão são semelhantes às de uma empresa, com planejamento de metas de crescimento e cobrança de resultados, além de comprometimento com práticas de responsabilidade social e desenvolvimento sustentável.

Hoje, o SindilojasRio é considerado um dos maiores sindicatos do Brasil, com quase 13 mil empresas associadas, do microempreendedor às grandes redes de varejo, abrangendo mais de 30 mil estabelecimentos só no município do Rio de Janeiro.

HISTÓRIA DAS EMPRESAS

20º Encontro anual do SindilojasRio em Angra dos Reis, RJ

ESTRUTURA

Um dos principais pilares da economia, pelo número de estabelecimentos e, também, por sua alta capilaridade e capacidade de criar empregos, o comércio varejista responde por cerca de 10% do PIB fluminense e por mais de 850 mil postos de trabalho, ou seja, cerca de 20% dos empregos formais no estado.

Cabe ao SindilojasRio – representante legal dos lojistas da cidade do Rio de Janeiro junto aos poderes da União, do Estado e do Município do Rio de Janeiro – acompanhar e decidir as negociações com o Sindicato dos Empregados do Comércio do Rio de Janeiro, como as relativas às convenções coletivas de reajuste salarial e o trabalho aos domingos e feriados, no âmbito das categorias por ele representadas.

Com sede própria desde 1946 – são mais de mil metros quadrados distribuídos pelo 10º andar e parte dos 9º, 11º, 12º e 13º andares do edifício Ângelo Marcelo, na rua da Quitanda, número 3, Centro – o SindilojasRio possui, também, cinco delegacias de serviços em diferentes bairros da cidade. É presidido, assim como o Clube de Diretores Lojistas do Rio de Janeiro - CDLRio, também presente nesta publicação, pelo empresário Aldo Carlos de Moura Gonçalves, proprietário da rede de moda infanto-juvenil Silhueta Infantil, uma das lojas mais tradicionais do segmento, com 61 anos de existência.

Para garantir atendimento de excelência às empresas associadas, seus colaboradores passam por treinamento constante. E, anualmente, o sindicato reúne todo o seu corpo funcional em um grande evento, que inclui workshops, palestras motivacionais, atividades ambientais, esportivas e culturais.

CATEGORIAS E SERVIÇOS PRESTADOS

Na categoria "lojista do comércio", estão enquadrados os seguintes estabelecimentos de comércio varejista (lojas físicas e comércio eletrônico):
- adornos e acessórios; relógios e bijuterias; meias, lenços, luvas e leques; chapéus;
- artigos de couro e plástico, inclusive malas; calçados; bolsas;
- artigos de escritório e de informática em geral e seus periféricos;
- artigos de livraria e papelaria, de filatelia e produtos para postagem, de tabacarias;
- artigos de arte; quadros e molduras; artigos para embalagens;
- artigos para presentes (louças, vidros finos e cristais); perfumarias e artigos de toalete;
- de iluminação e objetos usados, exceto móveis;
- vídeos, discos, fitas, cd's e demais produtos de reprodução de som; artigos de reprografia;
- brinquedos; artigos de modelismo aéreo e naval; para piscina e lazer;
- bazar e artigos para festas e descartáveis; chaveiros e cutelarias;
- artigos de caça e pesca e de pet shop, inclusive animais;
- vestuário, camisaria, modas e confecções;
- tecidos e fazendas em geral; bordados e rendas; malhas; uniformes;
- roupas íntimas; roupas e artigos de esportes; roupas de cama, mesa e banho;
- equipamentos de telecomunicações, como de telefonia em geral;
- equipamentos e materiais de cirurgia, odontologia, hospitalares e oftalmológicos;
- e todos os demais produtos que não constem de atividades econômicas organizadas em sindicato específico e que não estejam relacionados acima.

Com gestão altamente qualificada, o SindilojasRio disponibiliza às empresas associadas serviços modernos e atendimento por especialistas em suas áreas de atuação, tais como: assistência jurídica completa nas áreas Trabalhista, Civil, Tributária e de Defesa do Consumidor nos níveis federal, estadual e municipal, sem cobrança de honorários; assistência de registro e de marcas e patentes, sem cobrança de honorários; isenção da taxa anual de renovação de letreiros; isenção do pagamento patronal da contribuição para o acordo de comerciários trabalharem nos domingos e feriados; medicina ocupacional segundo as normas do Ministério do Trabalho e Emprego, com tabela abaixo da média das empresas privadas; câmaras setoriais que contribuem para a identificação, o planejamento e a solução de questões específicas de segmentos lojistas; e a remessa mensal gratuita da revista Empresário Lojista, com notícias importantes para o comércio varejista, além de outros serviços. Vale ressaltar que o SindilojasRio disponibiliza todos esses serviços também às empresas não associadas.

CURIOSIDADES

Das grandes mobilizações visando à defesa dos interesses do comércio e a participação em diferentes fóruns, objetivando a construção de políticas públicas e de condições favoráveis ao desenvolvimento do setor, até a implementação de ideias sempre inovadoras, o SindilojasRio tem estado sempre à frente do seu tempo, com inúmeras iniciativas pioneiras no âmbito do sindicalismo e como entidade organizada representativa da sociedade. Dentre elas, podemos citar, por exemplo:

✓ a participação na criação do antigo Instituto de Aposentadoria e Pensões dos Comerciários, o IAPC (atual Instituto Nacional de Seguridade Social - INSS), em 1934, que garantiu a inclusão entre os beneficiários de todos os comerciantes estabelecidos no país;

✓ a criação da primeira Federação do Comércio Varejista no Rio de Janeiro, em 1934;

✓ o apoio à fundação do Clube de Diretores Lojistas do Rio de Janeiro – CDLRio, em 1955, cuja parceria se mantém nos dias atuais, tendo as duas entidades o mesmo presidente;

✓ o apoio à criação da Sociedade de Amigos da Rua da Carioca e Adjacências – Sarca, em 1978, que se desdobra em forte parceria até hoje;

Capas da 1ª edição de "O Lojista" e de edição recente da "Empresário Lojista"

✓ a criação da primeira agência de empregos para o comércio, em 1942;
✓ a criação e promoção de datas comemorativas, a partir de 1953, como os Dias das Mães, dos Pais, das Crianças, dos Namorados, Natal etc.;
✓ a instalação das delegacias de serviços, a partir de 1996, nos bairros de Copacabana, Tijuca, Barra da Tijuca, Campo Grande e Madureira;
✓ a criação de câmaras setoriais (Shoppings, Centro do Rio, Zona Sul, Moda Infantil e Brinquedos);
✓ a criação da primeira Cooperativa de Crédito de Sindicato Patronal no Rio de Janeiro;
✓ a implantação dos serviços do Programa de Controle Médico e Saúde Ocupacional (PCMSO) e do Programa de Prevenção a Riscos Ambientais (PPRA);
✓ a fundação do Instituto do Varejo em parceria com o CDLRio (braço cultural, de treinamento e pesquisa), em 2000;

✓ a implantação das comissões de Conciliação Prévia e do serviço de Homologações (em parceria com Sindicato dos Empregados do Comércio do Rio de Janeiro e o Ministério do Trabalho e Emprego;
✓ a idealização e realização dos Congressos Nacionais de Sindicatos Patronais do Comércio;
✓ a criação da modalidade "sócio aspirante" para incentivar o empreendedorismo, permitindo que empresários que ainda estejam iniciando o seu negócio possam se associar ao SindilojasRio e, assim, contar com todo o apoio necessário à abertura de sua empresa.

Vale registrar, ainda, a criação da revista que há 82 anos registra a história do comércio no Rio de Janeiro. Trata-se da mais antiga publicação sindical do País, que circulou, pela primeira vez, em 15 de janeiro de 1934, batizada como "O Lojista". Deixou de ser editada apenas entre janeiro e maio de 1941, por divergências com o Departamento de Imprensa e Propaganda (DIP) do governo de Getúlio Vargas. Em 2002, a revista passou a ter sua elaboração compartilhada com o CDLRio e teve seu nome mudado para "Empresário Lojista".

DESAFIOS E RESULTADOS

Desde a primeira grande campanha dos lojistas do Rio, em 1933, que resultou na chamada Lei de Luvas, e a mobilização visando à anistia fiscal, em 1934, até a recente revogação da lei que criou a Taxa Única de Serviços Tributários da Receita estadual, em maio de 2016, passando pela luta para aprovar o projeto de Lei 12.766/12, que reduziu os valores das multas pelo descumprimento das obrigações tributárias junto à Receita Federal, entre tantas iniciativas, o SindilojasRio tem se posicionado sempre de maneira assertiva para que a voz do comerciante varejista seja ouvida.

Empenhado na luta pela redução e simplificação da carga tributária e no combate à pirataria e à informalidade, o SindilojasRio trabalha permanentemente para promover o diálogo entre o comércio, as diferentes esferas dos poderes legislativo, judiciário e executivo e a sociedade civil organizada. Nesse sentido, o SindilojasRio tem buscado fortalecer a união entre as entidades representativas do comércio, participando e promovendo debates e elaborando ações conjuntas em torno dos temas de interesse do setor, da cidade e do Estado do Rio de Janeiro.

Hoje, é uma das principais lideranças na discussão que visa a mudanças no Regime de Substituição Tributária, que impacta negativamente todo o comércio, em especial os pequenos negócios.

Quando estabelecimentos foram saqueados e depredados pelas ações de vândalos que se infiltraram nas manifestações ocorridas em junho de 2013, o SindilojasRio firmou parceria com a AgeRio, agência estadual de fomento, para a concessão de crédito aos lojistas prejudicados. Participou ativamente de iniciativas visando a estimular o desenvolvimento do comércio do Rio, em função dos megaeventos realizados na cidade, como os Jogos Pan-Americanos, a Jornada Mundial da Juventude, a Copa do Mundo e a Olimpíada Rio 2016, mantendo sempre o otimismo, mas, também, lançando um olhar crítico sobre as dificuldades enfrentadas pelo comércio, como obras com cronogramas mal feitos e o excesso de feriados, por exemplo, que afastaram os consumidores.

MODERNIZAÇÃO

Visando ao fortalecimento e à maior representatividade do sistema sindical, a Confederação Nacional do Comércio de Bens, Serviços e Turismo (CNC) criou o Sistema de Excelência em Gestão Sindical (SEGS) para alinhar as práticas de gestão sindical entre todos os integrantes do Sistema Confederativo da Representação Sindical do Comércio (Sicomercio). Para obter o nível de excelência, as entidades filiadas precisam atender aos critérios de avaliação do programa, baseados nos quesitos estabelecidos pela Fundação Nacional da Qualidade (FNQ): liderança, planos e estratégias, clientes, sociedade, informações e conhecimentos, pessoas, processos e resultados.

Participando das avaliações desde 2013, o SindilojasRio já obteve os seguintes prêmios SEGS: Compromisso com a Excelência na Gestão Sindical (2013 e 2014); Rumo à Excelência na Gestão Sindical (2015 e 2016).

VISÃO DE FUTURO

Neste momento, em que o Brasil e, em particular, o Rio de Janeiro, atravessam uma crise sem precedentes, o SindilojasRio acredita que somente as inadiáveis reformas estruturais – tributária, trabalhista, previdenciária, sindical e política, entre outras – tão necessárias ao País, poderão levar a um novo patamar de desenvolvimento social e econômico, com mais justiça e qualidade de vida para toda a população brasileira. Em relação ao sistema sindical brasileiro, defende a modernização que resulte na maior representatividade das unidades estaduais e nacionais, renovando-as e possibilitando a interação mais estreita com suas bases, os seus sindicatos e empresas associadas. A modernização torna-se imprescindível para proporcionar mais vigor ao sistema, cuja força será decisiva na defesa dos interesses das categorias econômicas.

Em seu planejamento estratégico, estabelecido para os próximos anos, o SindilojasRio definiu como prioritárias as seguintes metas: incentivar o crescimento da representatividade; contribuir para o aprimoramento da gestão das empresas associadas; ampliar o leque de serviços oferecidos aos lojistas associados, com novos produtos e parcerias com as demais entidades de classe; buscar o equilíbrio nas relações entre lojistas e locadores, bem como entre lojistas e empreendedores em shopping centers; fortalecer o comércio de rua; melhorar as relações entre fornecedores, lojistas e consumidores; combater a informalidade; colaborar com o poder constituído em prol da segurança pública; agir a favor da racionalização dos impostos; defender a flexibilização nas relações entre capital e trabalho; e acompanhar e assessorar a gestão pública em áreas relacionadas ao varejo.

São grandes e estimulantes desafios que fazem com que o SindilojasRio busque a excelência em todas as suas ações a favor do comércio, dos empresários lojistas e do conjunto da sociedade.

HISTÓRIA DAS EMPRESAS

Strategy Consulting

Ano de fundação: 2009

O COMEÇO

A Strategy Consulting foi fundada em 2009, na cidade do Rio de Janeiro (RJ). Seu fundador foi Jorge Bassalo, que já possuía a experiência em gestão de mudanças organizacionais (GMO) oriunda da criação de uma célula, em 2004, para atendimento aos projetos internos de uma consultoria de implementação de sistemas de TI. A Strategy apoia as empresas na condução de projetos de transição, de mudanças, preparando-as para gerenciar os aspectos humanos envolvidos.

A única certeza é de que tudo muda o tempo todo. As organizações têm passado por transformações constantes em seu ambiente de negócios. A mudança já é considerada parte da rotina, característica permanente e inerente à gestão. Disparadores de mudanças, tais como a entrada de novas tecnologias, revisão de processos, crises, fusões e reestruturações organizacionais, são cada vez mais intensos.

Na maioria dos casos, os investimentos em projetos dessa natureza são direcionados para a solução a ser implantada, acreditando-se que, por si só, ela produzirá os resultados esperados e que, quando uma solução se mostra relevante e lógica, a adesão das pessoas é uma consequência natural.

A experiência mostra que vários fatores interferem no nível de interesse e adesão das pessoas a novos processos, procedimentos, ferramentas, valores e modelos de gestão, e que esses fatores são gerenciáveis. A Strategy acredita que a atuação com Gestão de Mudanças Organizacionais aumenta as chances de sucesso e traz inúmeros benefícios, entre eles:
- Prontidão para a mudança;
- Alinhamento e comprometimento das lideranças;
- Sensibilização, mobilização e comprometimento das equipes;
- Mitigação dos impactos da transformação organizacional;
- Redução das resistências;
- Cumprimento de orçamento e cronograma previstos;
- Alcance mais rápido dos resultados desejados.

Mas, o que é Gestão de Mudanças? Consiste em um processo estruturado, em que se aplicam atividades e ferramentas para a condução dos aspectos humanos da mudança, a fim de alcançar os objetivos de negócios mais rapidamente, com alto nível de engajamento e performance, e dentro do orçamento previsto.

CURIOSIDADES

Nossas distinções no mercado são facilmente reconhecidas e se apoiam em:
- **As competências adequadas** – a Strategy utiliza metodologia própria, construída com base nas experiências de projetos. A nossa metodologia é aplicada e aprovada pelos nossos clientes.
- **A perspectiva correta** – a Strategy oferece uma solução customizada para atender às necessidades de seus clientes.
- **A experiência necessária** – a Strategy tem consultores especialistas, com formação em ciências humanas e vários anos de atuação em projetos de mudança.
- **Qualidade** – a Strategy é uma empresa de nicho, o que garante maior especialização e qualidade dos serviços.

Strategy Consulting

LINHA DO TEMPO

2016 — A **Unidade de Educação** é alavancada com a criação de seus cursos de ensino a distância **(EaD)**.

2015 — **Redesenho dos produtos e serviços,** indo ao encontro da demanda globa que aponta para um amadurecimento cada vez mais crescente em Gestão de Mudanças.

2014 (5 anos) — A **Meodologia *Strategy*©** é registrada e aceita como obra literária, tendo seus direitos autorais preservados.

2013 — Fortalecimento da marca. Metodologia ganha **nova identidade gráfica.**

2012 — Lançamento dos **cursos em turmas abertas** ao mercado.

2011

2010 — A **Unidade de Educação** é criada e a *Strategy* começa a atuar com cursos *in company*

2009 — A *Strategy* Consultoria é fundada e a **Meodologia *Strategy*©** é criada.

2004 — **Célula de *Change Management*** dentro de uma das mais importantes consultorias integradoras na área de TI.

DESAFIOS E RESULTADOS

Nosso principal desafio é mostrar para as organizações e parceiros de negócio a necessidade de gestão de mudança, no tratamento dos aspectos humanos e organizacionais oriundos da mesma, com a finalidade de potencializar seus objetivos de negócio. Como resultado, nos orgulhamos de cada trabalho ou projeto realizado e somos gratos pelo reconhecimento de nossos clientes que obtiveram benefícios com a prática de Gestão de Mudanças.

A Strategy atua com duas unidades: Consultoria e Educação.

A Unidade de Consultoria tem a competência de Gestão de Mudanças Organizacionais como carro-chefe. Investimos na especialização desse serviço cada vez mais, a fim de tornar nossa empresa reconhecida como provedora dos melhores profissionais e das melhores soluções em Gestão de Mudanças do mercado.

A Unidade de Educação tem o Programa de Transferência de Conhecimento como destaque. O programa compreende os cursos de formação em Gestão de Mudanças, de Licenciamento da Metodologia Strategy, além da implantação do Change Management Office (CMO). O grande desafio desta Unidade é mostrar para o mercado a importância do tema Gestão de Mudanças, buscando a inserção do mesmo no ambiente organizacional.

PREMIAÇÕES

2015 – Gestão de Mudanças – Uma Visão Global

Publicação de um artigo sobre Gestão de Mudanças Organizacionais na Revista Mundo Project Management, edição de Jun/Jul de 2015. O artigo é fruto de um trabalho realizado pela nossa então gerente de negócios, Marcia Rua, em 2014, no VI Módulo Internacional em Gerenciamento de Projetos, na Escola de Negócios da "The George Washington University", em parceria com o ISAE e a FGV.

2014 – MPE Brasil

A Strategy é considerada uma das 21 melhores empresas em gestão empresarial do Estado do Rio de Janeiro, condecoração concedida pelo MPE Brasil - Prêmio de Competitividade para Micro e Pequenas Empresas.

2013 – PMI Rio
Reconhecimento ao trabalho técnico "Liderando Projetos com Gestão de Mudanças Organizacionais", no Fórum Global de Gerenciamento de Projetos.

2012 – PMI Rio
Reconhecimento ao trabalho técnico "O Papel do Agente de Mudanças em Implementações de Projetos" no VII Congresso Brasileiro de Gerenciamento de Projetos.

2011 – *Top of Business*
Reconhecimento ao seu talento, capacidade de empreender e inovar, além de contribuir com o crescimento e desenvolvimento do país.

VISÃO DE FUTURO

O amadurecimento do tema gestão de mudanças dentro das empresas vem aumentando. Em 2009, quando iniciamos, os projetos eram atendidos parcialmente e somente pelas consultorias responsáveis pelo motivador da mudança, preocupadas com comunicação e treinamento. Entenda-se como motivadores da mudança projetos de fusões e aquisições, reestruturações organizacionais, implementação de sistemas, entre outros.

A partir de 2011, viu-se interesse maior dos clientes na medida em que eles passaram a fazer as contratações de consultorias como a Strategy de forma direta – buscavam maior autonomia abrangência dos serviços. Em 2013, os clientes passaram a ter preocupação maior com gestão de mudanças, quando passaram a contratar nossos serviços antes, durante e depois do projeto da transição de mudança – buscavam garantir o envolvimento das pessoas em todo o ciclo do projeto.

Com a crise, os negócios de uma forma geral foram perdendo fôlego e não foi diferente com a gestão de mudanças organizacionais. Portanto, acreditamos firmemente que com a retomada de uma economia mais propensa aos investimentos, nossa empresa estará bem posicionada, com seus produtos e serviços para ajudar as organizações a alcançarem seus objetivos através da potencialização das pessoas.

Strategy Consulting: uma empresa de pessoas voltada para as pessoas.

HISTÓRIA DAS EMPRESAS

Oi CASA GRANDE

Teatro Casa Grande
Ano de fundação: 1966

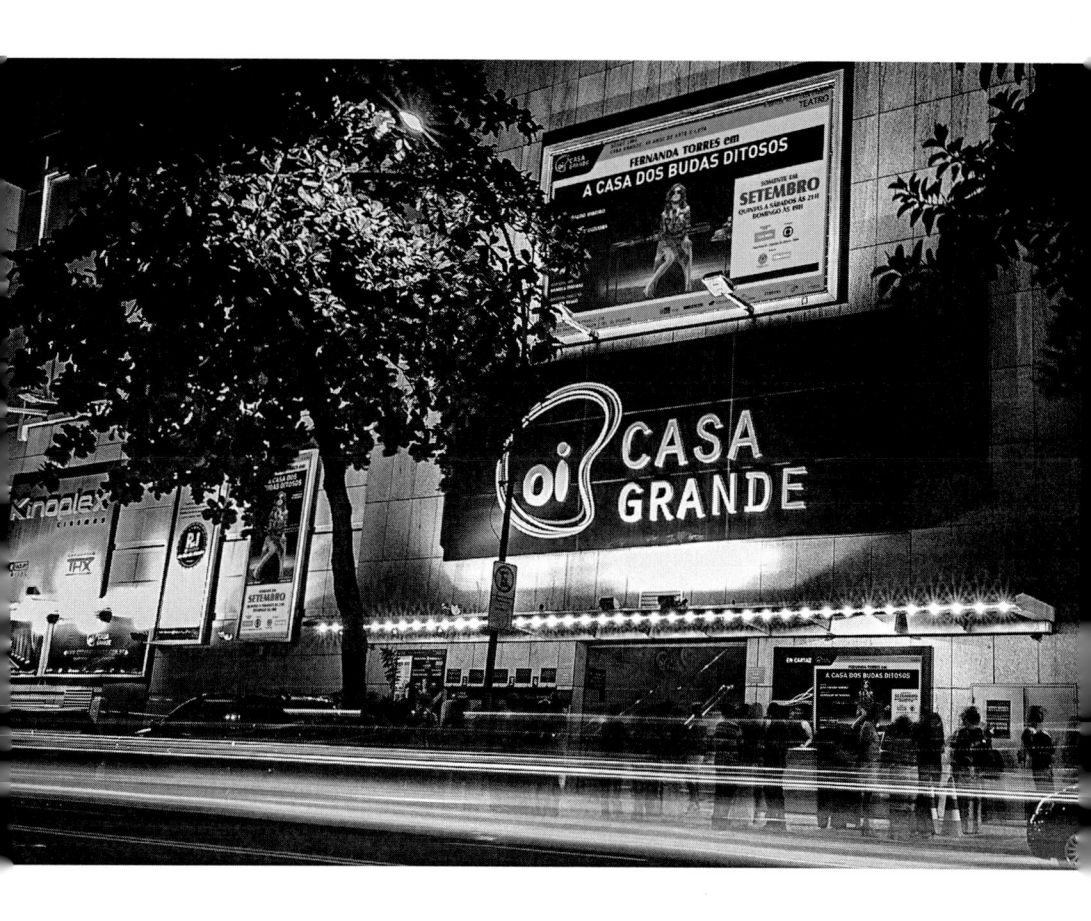

O COMEÇO

Rio de Janeiro, 25 agosto de 1966. O Teatro Casa Grande foi fundado como Café Teatro Casa Grande, criado por quatro amigos: Sérgio Cabral, Moyses Fuks, Max Haus e Moyses Ajhaenblat. Procuraram o local partindo da ideia de fazer uma casa com proposta única na ocasião. Um local para shows de MPB com restaurante. Um misto de café mais teatro que recebeu grandes nomes e talentos da época. O sucesso foi imediato.

LINHA DO TEMPO

Em **1966**, tiveram início as atividades do Café Teatro; dois anos depois, passou por uma reforma e se transformou em um teatro com mais de 600 lugares.

Nos anos **1970**, sempre funcionando como teatro, também passou a ser local de resistência política contra a Ditadura Militar, com a realização de debates e encontros políticos.

No Casa Grande foi decretado o fim da Censura e também foi palco do lançamento da candidatura de Tancredo Neves à presidência da República. Nos anos **1980**, passou a receber shows consagrados e de muito sucesso, muitos dos nossos grandes cantores lançaram suas carreiras em nosso palco (Elba Ramalho, Fafá de Belém etc.).

Passamos **no final dos anos 80** pelos shows de humor, com destaque para Jô Soares.

Nos anos **1990**, passamos a receber grandes espetáculos da cena brasileira, muitos deles monólogos com grandes artistas. Desde a estreia nacional de "O Mistério de Irma Vap" (foto ao lado), além das comédias com Regina Casé, Claudia Jimenez, Miguel Falabella, entre outros.

Sofremos um incêndio em **1997**, quando o teatro foi remodelado para receber "A Máquina", espetáculo de João Falcão, com Wagner Moura, Lázaro Ramos e outros grandes atores.

Entre abril e maio de **2008**, reabrimos o teatro totalmente novo, moderno, mais confortável. Pela primeira vez, patrocinados. Sem o grande apoio da Oi, nossa patrocinadora, não teríamos conseguido alcançar o alto nível a que chegamos.

Hoje, estamos entre os melhores do país! Trouxemos os musicais da Broadway para o Rio de Janeiro e continuamos a valorizar cada vez mais nossa programação. Em **2016**, completamos 50 anos de funcionamento.

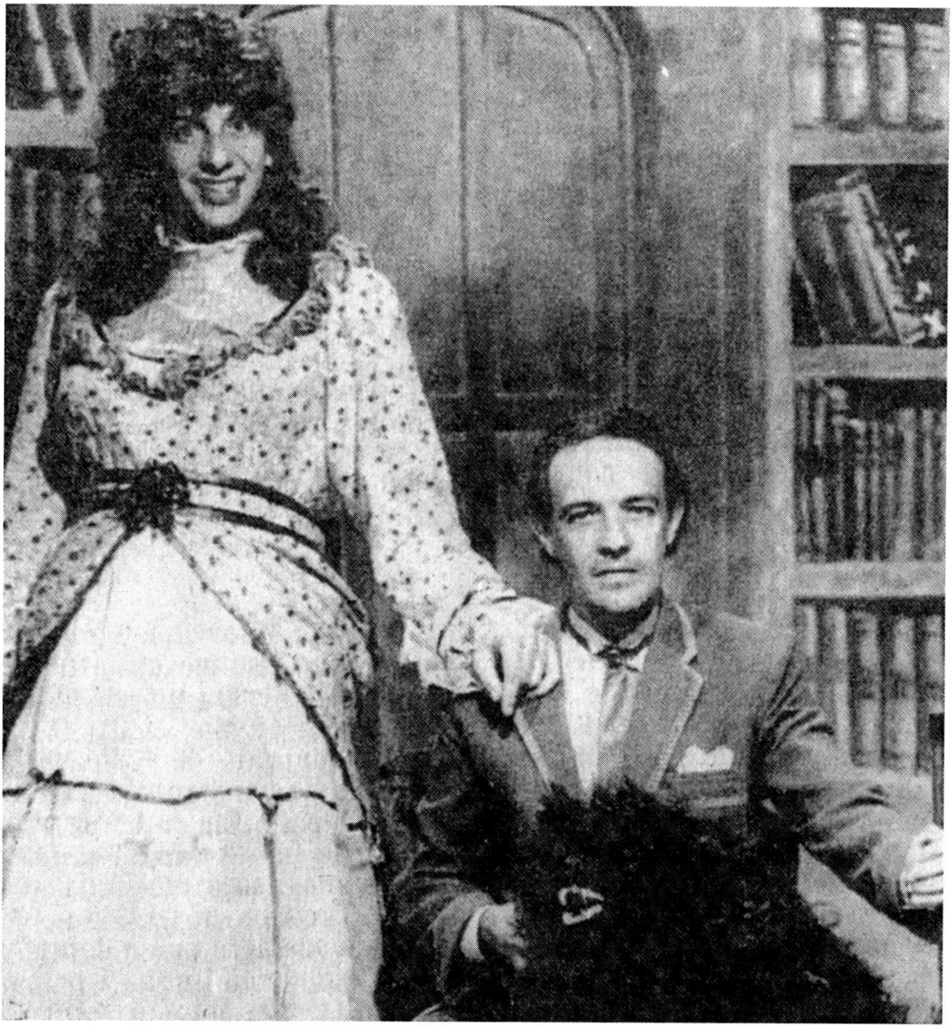

DESAFIOS E RESULTADOS

Resistência é quase um lema da Casa. Sempre com muita luta! Ao longo dessas cinco últimas décadas passamos por muitas crises no país, tanto econômicas quanto políticas. Mas sempre as enfrentamos. Nossa programação diferenciada é um dos nossos orgulhos!

CURIOSIDADES

Trabalhamos aonde as pessoas se divertem, isso por si só já é bem diferente.

PREMIAÇÕES

Normalmente um teatro é o palco das premiações, porém temos o maior orgulho do prêmio que recebemos da Editora Globo, na categoria Cultura - Melhor Teatro 2012/2013.

VISÃO DE FUTURO

Acreditamos na cultura do nosso país. No teatro, acreditamos na arte da interpretação e todas as suas vertentes, do humor aos musicais passando pelos clássicos, sem deixar de incluir a concepção moderna da dramaturgia. Incluímos aqui as diversas formas da linguagem somadas ao uso da tecnologia.

HISTÓRIA DAS EMPRESAS

TOTVS
Ano de fundação: 1983

O COMEÇO

Mais importante do que "como" é "o porquê" do início de uma companhia, principalmente no ramo da tecnologia. A TOTVS não escapou da regra das empresas de TI. Assim como muitas outras que surgiram em garagens, alojamentos de faculdades e porões de casas, a companhia também não foi criada em uma estação de trabalho no intervalo de 9h às 18h. A TOTVS nasceu em um almoço, com a proposta de se criar um negócio visionário.

O embrião da TOTVS surgiu em um bureau de serviços em 1969, ano da fundação da SIGA por Ernesto Haberkorn. O atual presidente da TOTVS, Laércio Cosentino, iniciou na empresa como estagiário e, em 1983, se tornou sócio com 50% de participação. Na época, a SIGA desenvolvia sistemas de gerenciamento empresarial para automação de processos administrativos. Com o advento dos microcomputadores, na década de 80, Cosentino vislumbrou a oportunidade de avançar rumo ao desenvolvimento de softwares para computadores pessoais. Haberkorn encampou a ideia e eles fundaram, em 1983, a Microsiga. A parceria deu certo e, em 1989, a Microsiga lançou um pioneiro e ousado plano de expansão, por meio de canais e franquias dedicadas à comercialização e implementação das soluções de gestão da TOTVS. Hoje são 48 franqueados distribuídos por todo o território brasileiro e 30 no mercado internacional.

Com o rápido crescimento, trazer um fundo de investimento para a operação permitiu a companhia alçar voos mais altos. Em 1999, a chegada da Advent fortaleceu os processos internos impulsionando a expansão e consolidação de mercado. A parceria durou até 2005, quando a TOTVS recomprou os 25% que pertenciam ao fundo. No mesmo ano, adquiriu a Logocenter (quarta maior software house do mercado).

Ainda em 2005, a empresa passa por um dos grandes marcos de sua história: a mudança do nome. Era necessário encontrar algo que imprimisse em sua essência o propósito de existir da companhia, algo que refletisse seus pilares de integração, colaboração e conexão entre pessoas e informações. E foi assim que Microsiga se tornou TOTVS, que em latim significa tudo, todos, totalidade.

Em março de 2006, a TOTVS tornou-se a primeira empresa de TI da América Latina a abrir o capital, sendo listada no Novo Mercado da Bolsa de Valores de São Paulo (Bovespa) - o mais alto nível de governança corporativa. A preocupação com a transparência e a governança está também expressa na composição do conselho de administração, formado majoritariamente por membros independentes. Nesse mesmo ano, a empresa adquiriu a RM Sistemas e, em 2008, a TOTVS incorporou a Datasul (segunda maior software house do Brasil), criando a maior provedora de ERP no mercado brasileiro e a nona no ranking mundial.

A TI tem como essência tornar simples aquilo que é complexo, oferecer meios para que as pessoas possam realizar suas atividades de forma mais rápida, ágil e produtiva, ganhando tempo para se dedicar ao que realmente importa, seja na vida pessoal ou profissional. Ela só é tão disruptiva porque tem uma razão maior de existir, um problema que precisa ser resolvido, uma questão que precisa ser endereçada. E, assim como a tecnologia, toda empresa só alcança um determinado patamar e se torna transformadora de fato quando ela encontra um propósito. E a TOTVS nasceu do propósito de permitir que cada vez mais e mais empresas tivessem acesso à tecnologia para viabilizar a criação, crescimento e manutenção da competitividade de seus empreendimentos.

LINHA DO TEMPO

1983-1995	*Start up:* visão do impacto dos PCs para pequenas e médias empresas.
1983	Laércio Cosentino e Ernesto Haberkorn fundam a Microsiga Software S.A. (hoje TOTVS S.A.) com objetivo de prover soluções de gestão empresarial integradas e acessíveis às empresas de pequeno e médio porte.
1990	Início do pioneiro sistema de franquias, exclusivas para comercialização e implementação das soluções de gestão da TOTVS.
1996-2000	*Warm up:* estratégia de crescimento, internacionalização, proximidade com os competidores e o mercado.
1997	Início das operações internacionais com a abertura de uma filial na Argentina.
1999	Entrada no fundo de *private equity* Advent no capital social da companhia e lançamento da linguagem de programação desenvolvida pela Companhia ADVPL (*Advanced Protheus Language*) ao longo de sete anos.
2001	**Definição do DNA da companhia:** um grupo baseado em pessoas. Estabelecimento da missão, visão e valores. Definição do talento e necessidade de capital humano.
2002-2011	**Number 1 Brazil:** oferta orientada por segmentos da economia, projeto 1 bilhão e liderança de mercado.
2003	Início das atividades no México com a aquisição da Sipros.
2005	Alteração da razão social para TOTVS S.A. Recompra da participação do fundo de investimento *Advent*; entrada da BNDESPAR no capital social da companhia; início das atividades da TOTVS *Consulting*; aquisição da Logocenter (quarta maior *software house* do Brasil).

HISTÓRIA DAS EMPRESAS

2006	Primeira empresa da indústria digital da América Latina a abrir capital e fomos listados na Bolsa de Valores de São Paulo (BM&F BOVESPA) – o mais alto nível de governança corporativa. No mesmo ano, adquirimos a RM Sistemas S.A. (terceira maior *software house* do Brasil).
2008	Reorganização societária com a Datasul (segunda maior *software house* do Brasil) e a consequente liderança no mercado brasileiro e a nona posição no *ranking* mundial de provedores de ERP.
2009	Criação das ofertas de software por segmento de indústria e por porte de empresas, combinando componentes das soluções horizontais e de core business das empresas adquiridas.
2011	Criação da TOTVS *Private*, estrutura voltada a clientes de grande porte.
2012-2016	***Think together:*** soluções e plataformas globais e inovadoras para todos os segmentos.
2012	Estabelecimento do TOTVS Labs, no Vale do Silício nos Estados Unidos.
2013	Lançamento da plataforma colaborativa em nuvem de gestão de processos, identidade e conteúdo, denominada fluig. Fortalecimento da estratégia de segmentação com as aquisições da PC Sistemas (distribuição, atacado e varejo), PRX (agroindústria) e RMS (varejo).
2014	Relançamento da identidade visual TOTVS, com novo logo, incorporando os conceitos de intercomunicação, compartilhamento e diálogo. A apliação do portfólio de soluções especializadas com as aquisições da Ciashop (Plataforma E-commerce) e *Virtual Age* (Cadeia Têxtil e Vestuário).
2015	Lançamento do modelo comercial TOTVS Intera para pequenas, médias e grandes empresas, iniciando a migração do modelo tradicional de licenciamento para o de subscrição de *software*. Reorganização societária com a Bematech, criando o provedor de soluções de negócios para o Varejo com a mais ampla cobertura nacional e com o mais completo portfólio de soluções e inovações para o setor.
2017...	***People, things & business:*** conexão entre pessoas, coisas e negócios.

DESAFIOS E RESULTADOS

Após o período de consolidação no mercado, as aquisições trouxeram um novo desafio à TOTVS: integrar a aplicação já existente às particularidades de negócio e de tecnologia que a solução adquirida oferecia. A plataforma própria foi essencial para que a empresa integrasse as novas soluções aos produtos já existentes de forma a criar uma identidade entre suas ferramentas por meio de uma interface semelhante entre todas elas. Mais do que fornecer o software, a empresa se focou nas melhores práticas de mercado e se posicionou como fornecedora de soluções de negócios que contemplam softwares de gestão, plataformas de digitalização de negócios, hardware e consultoria.

O processo de ampliação da atuação em mercados especializados desencadeou a necessidade de reorganização dos centros de desenvolvimento da TOTVS em polos segmentados, ou seja, voltados exclusivamente a determinados setores, o que permitiu à companhia olhar com atenção máxima às particularidades de cada área, com estruturação de equipes especializadas e segmentadas em produto, desenvolvimento e suporte, atendimento e relacionamento com o cliente, implantação e outros serviços.

A TOTVS definiu segmentos de negócios para ofertar softwares com características específicas. As soluções segmentadas não só abrangem a automação das atividades de Back Office como também aplicativos com funcionalidades específicas para cada um dos segmentos. Cada um deles compõe uma unidade de inteligência de negócios, responsável pela elaboração da estratégia de atuação, relacionamento com o mercado e identificação de parcerias estratégicas.

Para que essa proposta pudesse ser entregue com excelência aos clientes, a TOTVS manteve os investimentos em pesquisa e desenvolvimento (P&D), tendo destinado mais de R$ 1 bilhão nos últimos 5 anos. O resultado é uma empresa que cresceu mais de 1000% nos últimos dez anos e conquistou a liderança absoluta do mercado SMB na América Latina. Acumula mais de 50% de marketshare no Brasil e ocupa a 21ª posição de marca mais valiosa do país no ranking da Interbrand.

CURIOSIDADES

✓ A origem do nome vem do latim e significa "tudo, todos, totalidade", apropriado para uma companhia que ao longo de sua trajetória consolidou mais de 30 empresas.

✓ Quem trabalha na TOTVS é um(a) "TOTVER". A identidade dos colaboradores foi escolhida entre as 150 sugestões recebidas por meio de campanha aberta em nossa rede social corporativa em 2014.

✓ Uma das 10 maiores desenvolvedoras de sistemas de gestão integrada (ERP) do mundo e a primeira entre países emergentes.

✓ 21ª marca mais valiosa do país no ranking da Interbrand em 2015.

✓ Primeira empresa da indústria digital da América Latina a abrir o capital, integrando a lista do Novo Mercado da Bolsa de Valores de São Paulo – o mais alto nível de governança corporativa.

✓ Primeira empresa mais inovadora do setor de TI e Telecom no ranking Inovação Brasil – edição 2015.

✓ Única companhia latino-americana com plataforma tecnológica própria para desenvolver seus softwares.

✓ Mais de 10 mil pessoas em filiais, canais e franquias no Brasil e no exterior.

✓ Presença global com clientes em 41 países e presença física em 15 deles.

✓ A TOTVS possui 15 centros de excelência em pesquisa e desenvolvimento ao redor do mundo, responsáveis por incorporar suas soluções de negócios às principais tendências em inovação. Um desses centros está sediado no Vale do Silício.

✓ Presença em mais de 500 mil estabelecimentos comerciais com ofertas integradas de software e hardware.

✓ Em 1998, iniciativa voluntária de um grupo de colaboradores da Microsiga Software (atual TOTVS) deu início ao Instituto da Oportunidade Social (IOS). Sem fins lucrativos, o IOS é uma instituição que atua na capacitação e ampliação da empregabilidade de jovens e de pessoas com deficiência física, visual ou auditiva. Até hoje, o IOS já atendeu mais de 27 mil pessoas, viabilizando oportunidade de trabalho para cerca de 4 mil alunos nos últimos quatro anos.

PREMIAÇÕES

✓ **Maiores e Melhores da Exame 2012:** Empresa do Ano e melhor da Indústria Digital

✓ **Top of Mind de RH** na categoria "Tecnologia para gestão de RH" por quatro anos consecutivos (2012-2015)

✓ **Prêmio Inovação Brasil** 2015 e 2016 do jornal Valor Econômico: "A empresa mais inovadora do setor de TI e Telecom"

✓ **Prêmio Executivo de Valor:** Pela sexta vez, Laércio Cosentino foi eleito executivo de destaque do setor de TI e Serviços (2010-2015)

✓ **Melhores da revista IstoÉ Dinheiro 2015:** categorias Tecnologia (segundo ano consecutivo) e Inovação e Qualidade

✓ **Empresas mais desejadas para se trabalhar no Brasil do LinkedIn 2016** – sexto lugar e única de TI

✓ **"Franquia 5 estrelas"** da revista Pequenas Empresas, Grandes Negócios e Serasa Experian 2016

VISÃO DE FUTURO

A TOTVS é uma provedora de soluções de negócios para empresas de todos os portes, especializada em 11 segmentos estratégicos da economia. O desafio da companhia é estar sempre um passo à frente das necessidades de seus clientes para viabilizar novos comportamentos de indivíduos e empresas por meio da tecnologia, conectando pessoas, coisas e negócios em um contexto global de mudanças cada vez mais aceleradas.

Para endereçar esse contexto, a TOTVS tem como premissas: (1) desenvolver soluções disruptivas, aderentes e realmente transformadoras para a atividade das empresas e (2) entender do negócio do cliente tão bem quanto ele, oferecendo soluções não apenas para os seus clientes, mas para os clientes dos seus clientes.

Cada vez mais as empresas buscam soluções que as permitam entregar seus produtos e serviços com excelência e enxergam a tecnologia como uma grande aliada nessa missão. Em outras palavras: elas demandam uma solução fácil de contratar, simples, ágil e conectada, em qualquer hora, em qualquer lugar e que lhes permitam viabilizar a sua transformação digital.

A TOTVS compreende esses desafios e enxerga que a grande oportunidade no mercado de tecnologia de gestão daqui para frente reside em buscar meios para guiar os seus clientes rumo à transformação digital, contribuindo para a democratização do acesso à tecnologia nos espaços corporativos e no cotidiano das pessoas.

Para que isso seja possível, é necessário pensar em formas de conectar as empresas a todos os aspectos de sua realidade: sejam os seus dados e informações, as coisas que possuem (conceito IoT), as pessoas/públicos com os quais se relacionam e até mesmo a gestão dos seus projetos e negócios. E toda essa integração entre "coisas, pessoas e negócios" deve ser endereçada por meio de um único ambiente, um único device.

Para a TOTVS, esse é o futuro. Porque em 5 ou 10 anos, teremos muito mais devices do que pessoas conectadas. Estimativas do IDC calculam que até 2020, ou seja, em apenas 4 anos, o mercado global de IoT (internet das coisas) vai triplicar de tamanho, atingindo mais de US$ 1 trilhão. Já é fato que a conectividade mudou a forma das pessoas se relacionarem entre si e já está mudando também o relacionamento com as empresas.

Nesse sentido, a companhia mantém investimento maciço em inovação, tendo direcionado nos últimos 5 anos mais de R$ 1 bilhão, e conta atualmente com 15 centros de excelência em pesquisa e desenvolvimento ao redor do mundo, um deles localizado no Vale do Silício nos Estados Unidos, que garantem a conexão com as principais tendências de mercado e a rápida incorporação destas em seus produtos e serviços.

Vale ressaltar a aquisição da Bematech, em outubro de 2015, como um importante passo da companhia para fortalecer essa estratégia, pois agrega ao seu capital intelectual uma expertise fundamental – o conhecimento do mercado de *hardware* – contribuindo para o aceleramento do processo de transformação digital junto aos clientes, por meio das ofertas integradas de *software* e *hardware*.

Ainda em 2015, foi lançada a modalidade de *software* por assinatura, o TOTVS Intera, que prevê o uso das soluções por meio de subscrição mensal e transforma a maneira pela qual os clientes consomem produtos e serviços de tecnologia, como a própria empresa desenvolve e comercializa suas soluções.

Tudo fica na nuvem e os longos projetos de implantação tornaram-se mais simples e ágeis, feitos de forma personalizada para cada empresa, incluindo os módulos ou serviços específicos como educação à distância, gestão de documentos, plataformas etc. No modelo, também não existem mais usuários. Visto que qualquer coisa já pode interagir com um sistema, essa é uma nomenclatura que não faz mais sentido para a companhia. Hoje, os acessos às soluções são identidades e elas podem ser uma pessoa, uma máquina ou qualquer coisa, uma vez que os softwares da companhia já estão prontos para trocarem informações com qualquer dispositivo, em qualquer lugar e a qualquer hora.

Alguns projetos nesse sentido já estão em fase de testes em clientes dos mais variados segmentos de atuação da empresa. Sensores das mais diversas finalidades, câmeras, smartphones, hardwares em geral, incluindo tratores e maquinário industrial são exemplos de algumas dessas coisas que já conversam com as soluções TOTVS. Esse cenário prova que, na verdade, não se trata de futuro tão distante assim, pelo contrário, as empresas já estão apostando nesse movimento; na combinação de sistemas, coisas e pessoas para impulsionar a gestão do seu negócio e a forma de se relacionar com os seus clientes.

Todos esses projetos e ações apenas são possíveis porque a TOTVS acredita no poder transformador da tecnologia e trabalha mantendo o cliente como foco central, com o olhar voltado para o futuro, antecipando necessidades e sempre presente ao lado deles rumo à transformação digital.

BIOGRAFIAS EMPRESARIAIS

Sua Empresa Faz História
e a Editora Leader Publica

Editora Leader